외국인 유학생을 위한
한국어 표기와 발음

외국인 유학생을 위한
한국어 표기와 발음

초판 1쇄 발행	2020년 8월 12일
2쇄 발행	2021년 9월 14일

지은이	조남호
펴낸이	박민우
기획팀	송인성, 김선명
편집팀	박우진, 김영주, 김정아, 최미라, 전혜련
관리팀	임선희, 정철호, 김성언, 권주련
펴낸곳	(주)도서출판 하우
주소	서울시 중랑구 망우로68길 48
전화	(02)922-7090
팩스	(02)922-7092
홈페이지	http://www.hawoo.co.kr
e-mail	hawoo@hawoo.co.kr
등록번호	제475호

값 12,000원
ISBN 979-11-90154-55-0 93700

이 책은 저작권법에 따라 보호받는 저작물이므로 무단 전재와 무단 복제를 금지하며,
이 책 내용의 전부 또는 일부를 이용하려면 반드시 저작권자와 (주)도서출판 하우의 서면 동의를 받아야 합니다.

외국인 유학생을 위한

한국어 표기와 발음 ,,

조남호 지음

도서출판 真雨

머리말

 2014년 3월에 22년을 넘게 근무하던 국립국어원을 떠나서 명지대학교로 자리를 옮겼다. 국립국어원에 근무하던 동안 필자는 어문 규범과 관련된 업무를 직접 맡은 적은 없었다. 그렇지만 필자가 근무를 시작한 1990년대는 어문 규범과 관련된 업무가 국립국어원의 중요한 업무 중의 하나였고 그만큼 논의할 게 많아 필자 역시 간접적으로 어문 규범과 관련된 일에 관여한 경우가 없지 않았다. 들은 풍월이 꽤 된다고 자신하였다. 학교로 옮기고 마침 어문 규범과 관련된 과목이 있어 그것을 필자가 맡게 되었다. 그렇게 매년 어문 규범과 관련된 강의를 진행해 왔다. 이미 강의에 활용할 좋은 책들이 있어 이와 관련된 주제로 책을 쓸 일은 없다고 생각했다.
 그런데 필자가 학교로 옮긴 후 국어국문학과에 적을 두는 외국인 유학생들이 매년 늘었다. 필자의 강의를 수강하는 외국인 유학생들도 늘었다. 한국인 학생의 비중이 더 높은 강의실에서 한국인 학생들에 맞춰서 진행하는 강의는 외국인 학생들에게는 당연히 어려울 수밖에 없었다.
 유학생이 많아지면서 유학생 전용 교과목을 따로 만들게 되었다. 그런데 막상 강의를 하자니 맞춤한 전공 서적을 구하기 쉽지 않다. 어쩔 수 없이 파일 형태로 마련한 자료로 강의를 하는 것은 내키지 않는 일이다. 한국어가 서투른 학생들에게 요약된 자료만으로 강의를 하면 제대로 내용이 전달될까 하는 의구심이 없지 않다.

한국어의 어문 규범을 제대로 알고 따르는 것은 한국인에게도 쉽지 않은 일이다. 그러니 유학생들이야 말할 필요도 없다. 제대로 한국어를 쓰고 읽는 것이 유학생에게는 쉽지 않은 일이다. 한국인과 대화하는 데 별로 불편함이 없는 유학생들도 어떤 때는 쓰거나 읽을 때 머뭇거리는 것을 종종 본다. 소리 나는 대로 한글로 적지 않는 것이 어려움이 생기는 중요한 원인이다. 어문 규정으로 정해진 내용을 익힌다면 훨씬 도움이 될 것이다. 그렇지만 현재 시중에서 쉽게 구할 수 있는 서적을 이용하라고 권할 수도 없다. 한국인에게 맞춰 제작된 내용이라서 외국인에게는 어렵기 때문이다.

이러한 이유로 외국인 유학생에게 그 단계에서 필요한 정보를 제공하자는 취지로 이 책을 구상하게 되었다. 이 책의 목표는 어문 규정을 제대로 이해하는 데 있지 않다. 외국인 유학생이 한국어를 제대로 적고 말하는 데 도움을 주는 것이 목표이다. 어문 규정은 한국어를 말하고 적는 데 문제가 되는 것들을 뽑아 정리한 것이므로 유학생에게 필요한 내용을 가려내면 이 책에서 목표로 하는 바를 이룰 수 있다고 보았다. 그래서 어문 규정의 내용을 책 서술의 기준으로 삼되 다음의 두 가지 중 하나에 해당하면 다루지 않았다. 첫째, 유학생의 관점에서 이해의 난이도와 실용상의 필요를 따져 이해가 어려운 데 비해 실제로 접하거나 사용할 일은 상대적으로 적은 내용은 제외한다. 둘째, 규정을 몰라도 국어사전을 찾으면 쉽게 해결할 수 있는 내용은 제외한다. 1999년에 『표준국어대사전』이 발간되면서 어문 규범과 관련된 문제들은 이제 굳이 규정을 몰라도 사전만 찾으면 해결되는 것들이 상당수 있다. 특히 「표준어 규정」에서 밝힌 것들 중에 여기에 해당하는 것이 많다. 사전만 찾으면 해결될 것을 굳이 설명할 필요는 없다고 생각했다.

　이처럼 기준을 정하였지만 어문 규정의 체제를 그대로 따르지는 않았다. 어문 규정은 한국어 전체를 포괄하기 위하여 그 자체로 완성된 체계를 갖추었지만 필자가 이 책을 통해 이루고자 하는 목표가 다르기 때문에 그대로 따를 필요는 없었다. 그래서 필자가 원하는 목표를 이루는 데 더 적합하다고 생각하는 방식으로 재구성을 하였다. 예시로 드는 것들도 비교적 쉬운 것들을 위주로 선택하였으며 서술도 최대한 쉽게 하고자 노력하였다. 필요하면 규정도 그대로 인용하지 않고 손질했다. 규정에 없어도 필요한 내용이라고 판단되는 것들은 서술에 포함하였다. 그렇지만 아무래도 규정 자체가 복잡하면 쉽게 서술하는 데는 한계가 있었다. 이해하기 어려운 내용이라고 무조건 뺄 수도 없었다. 수정을 거듭해도 쉽게 읽히는 책은 도저히 될 수 없었다. 따지고 이해해야 하는 내용이 많아 어쩔 수 없었다. 미리 독자의 양해를 구한다.

　어문 규정에 관해서는 이미 많은 성과가 축적되어 있었기에 이 책은 많은 부분을 선행 업적에 기대었다. 특히 규정이 개정된 후 나온 해설서와 『한국어 정서법』(이선웅, 정희창, 이승희 공저)은 필자가 이 책을 저술하면서 매우 자주 참고하였다. 『한국어의 발음』(배주채 저)은 한국어 발음, 형태론에 관한 많은 상세한 기술을 담고 있어 필자의 부족한 지식을 메우는 데 크게 도움이 되었다. 국립국어원에서 관리하는 『한국어기초사전』은 이 책에서 설명할 단어를 선정하는 기준이 되었다. 책의 성격상 세세하게 도움을 받은 부분을 각주로 밝히지 않지만 깊은 감사를 표한다.

급하게 작성하여 많이 미흡한 이 책 초고로 강의를 듣고 많은 지적을 해준 대학원생들에게도 감사한다. 필자의 출판 요청을 흔쾌히 수락해 주신 도서출판 하우의 박민우 대표님과 시간에 쫓기면서도 필자의 원고를 깔끔한 책으로 탈바꿈시켜 주신 편집팀 분들에게도 감사의 말을 전한다.

    내용을 집필하면서 필자가 어문 규정을 불완전하게 이해했던 점이 많다는 사실을 깨달았다. 최대한 오류가 없도록 노력하였지만 결함이 있고 부족하거나 잘못된 내용도 없지 않을 것이다. 그 모든 것은 필자의 부족함에서 기인한 것으로 앞으로 발견되는 오류들은 기회를 봐서 수정하도록 하겠다.

일러두기

- 이 책은 외국인 유학생이 한국어를 한글로 적거나 발음하는 데 도움이 되도록 한국의 세 가지 어문 규정 「한글 맞춤법」, 「표준어 규정」, 「외래어 표기법」 중에서 외국인 유학생이 알아야 할 것을 중심으로 그것에 관련된 사항들을 정리하였다.

- 이 책은 하나의 '주제'를 먼저 제시하고 그 아래에 주제와 관련된 규정을 그대로 혹은 보완하여 제시한 후 그 규정에 대한 자세한 설명을 덧붙이는 식으로 구성하였다.
  - 「한글 맞춤법」, 「표준어 규정」, 「외래어 표기법」의 순서대로 주제를 선정하여 설명해 나가되 같은 주제이어서 함께 다루어야 할 것은 규정의 순서와 무관하게 함께 다루었다.

- 이 책에서는 한국어 학습자를 위해 편찬된 『한국어기초사전』(krdict.korean.go.kr)을 기준으로 단어를 고르고 설명하였다. 필요하다고 판단되면 뜻풀이나 예문 등을 그대로 인용하기도 하였다.

- 예로 드는 단어는 원칙적으로 『한국어기초사전』에 있는 것으로 한정하였다. 그래서 따로 단어의 뜻풀이는 제시하지 않았다. 설명을 위해 어쩔 수 없이 『한국어기초사전』에 없는 단어를 제시할 때만 풀이를 제시하였다.
- 본문에서 자주 언급하는 『기초사전』은 『한국어기초사전』을 가리킨다. 간혹 『표준국어대사전』(stdict.korean.go.kr)도 언급하는데 이때는 줄이지 않고 사전 명칭을 그대로 썼다.

• 제시된 예들에서 필요한 경우 어간과 어간 또는 접사, 체언과 조사, 용언과 어미가 구분될 수 있도록 중간에 '+'를 넣었다. 독자가 이해할 수 있도록 하려는 목적도 있고 뜻을 모르는 말일 경우 사전에서 쉽게 찾을 수 있도록 하는 목적도 있다. 용언은 문맥에 따라 어미 '-다'로 끝내거나 어간 뒤에 '-'를 넣었다. 예를 들어 '닦다', '닦-'처럼 그때그때 둘 중의 하나의 방법으로 제시하였다. 어미와 접사는 다른 말과의 결합 위치에 따라 앞이나 뒤, 또는 양쪽에 '-'를 넣었다.

• 발음을 제시할 필요가 있는 경우에는 [ ] 안에 발음을 밝혔다. 규범적으로는 긴소리(장음)와 짧은소리(단음)를 구분해야 한다. 사전에서는 이들 장단까지 밝혔지만 이 책에서는 따로 장단은 밝히지 않았다. 실질적으로 필자를 포함하여 많은 한국어 모어 화자들이 구분하지 못하는 장단을 표시할 필요가 없다고 보았다.

• 규정을 설명하는 중간에 독자의 이해를 돕기 위하여 설명을 보충할 필요가 있는 곳들이 있었다. 이런 경우 번호로 표시해 두고 각 주제 끝에 배치한 '도움말'에서 설명하였다.

- 이 책의 내용과 관련된 어문 규정을 찾아보고자 하는 사람을 위하여 어문 규정을 인용하는 부분에서는 해당 규정의 조항을 밝혔다. 각 규정은 다음과 같은 약호로 표시하였다.

  【맞】 한글 맞춤법   　　　【발】 표준어 규정 제2부 표준 발음법
  【표】 표준어 규정 제1부　　【외】 외래어 표기법

한국의 어문 규정

한국어에는 말을 하거나 글을 쓸 때 기준이 되는 규정이 있다. 이를 '어문 규정'이라고 한다. 어문 규정은 「한글 맞춤법」, 「표준어 규정」, 「외래어 표기법」, 「국어의 로마자 표기법」 등 4가지이다.

이 어문 규정을 관리하고 고치는 일은 국가에서 하고 있다. 이 일을 담당하는 기관은 국립국어원이다. 국립국어원의 홈페이지에 규정이 공개되어 있어서(kornorms.korean.go.kr) 누구든지 내용을 볼 수 있다. 국립국어원에서 드물게 규정을 고치기도 한다. 그러면 국립국어원 홈페이지에서 가장 먼저 수정되고 수정 내용이 공개되므로 최신의 규정은 국립국어원 홈페이지에서 확인할 수 있다.

「한글 맞춤법」은 한국어를 한글로 어떻게 적을지 기준을 제시한 규정이다. 「한글 맞춤법」은 1933년에 처음 만들어졌다. 지금 따르고 있는 규정은 1933년에 만들어진 규정 중에서 바꿀 것은 바꾸어 1988년에 개정한 것이다. 57항의 조항으로 구성되어 있으며 부록으로 글쓰기에서 사용되는 문장 부호의 사용법을 정리한 「문장 부호」가 있다. 이 부록만 따로 2014년에 개정하였다. 이 책에서는 「문장 부호」 부분은 다루지 않는다.

「표준어 규정」은 무엇이 표준어인지 기준을 제시한 규정이다. 한국어에는 여러 방언이 있다. 지금은 방언의 차이가 많이 없어졌지만 예전에는 다른 방언을 말하는 사람들 사이에서는 소통이 어려웠다. 그래서 공식적인 자리에서 서로 소통할 수 있도록 서울 지역에서 사용하는 말을 중심으로 표준어를 정해 왔다. 1936년에 처음 표준어가 정해졌지만 규정은 따로 만들지 않았다. 1988년에 「한글 맞춤법」을 개정할 때 함께 작업하여 「표준어 규정」을 처음 만들었다. 「표준어 규정」은 크게 「제1부 표준어 사정 원칙」과 「제2부 표준 발음법」으로 구성되어 있다. 표준어 사정 원칙에서는 같거나 비슷한 여러 단어 중에서 무엇이 표준어인지 밝혔다. 표준 발음법에서는 한국어에서 어떻게 발음하는 것이 규범적인 발음인지 밝혔다.

「외래어 표기법」은 다른 언어로부터 들어와서 한국어에서 사용되는 말인 외래어를 표기하는 기준을 제시한 규정이다. 한국어에서는 1880년대 무렵부터 외래어가 늘어나기 시작하였다. 이때부터 서양의 여러 나라와 교류하기 시작하였기 때문이다. 외국인과 직접 접촉하면서 배우거나 책을 통해 배운 외래어가 들어오고 일본어 발음으로 변형된 외래어가 들어오기도 하였다. 같은 뜻의 말이라도 영어, 독일어, 프랑스어 등 여러 언어로부터 그 나라 발음대로 들어오기도 하였다. 더구나 한글은 글자가 많다 보니 하나의 외래어를 발음이 비슷한 여러 다른 표기로 적을 수가 있다. 그래서 하나의 단어에 여러 개의 표기가 사용되는 일이 흔하였다. 이에 따라 표기를 어떻게 할지 고민하여 1940년에 외래어를 적는 원칙을 처음으로 마련하였다. 이후 몇 차례 바뀌었으며 지금은 1986년부터 정해 온 「외래어 표기법」을 따라 외래어 표기를 정하여 쓴다. 「외래어 표기법」은 언어별로 그 언어의 자모를 한글로 적는 법을 정리한 표와 표에서 밝힐 수 없는 세부 사항을 정한 세칙으로 구성되어 있다.

중국어와 베트남어를 예로 들면 다음과 같다.

① 중국어의 발음 부호와 한글 대조표

성모(聲母)

음의 분류	한어 병음 자모	주음 부호	한글	음의 분류	한어 병음 자모	주음 부호	한글
중순성 重脣聲	b	ㄅ	ㅂ	설면성 舌面聲	j	ㄐ	ㅈ
	p	ㄆ	ㅍ		q	ㄑ	ㅊ
	m	ㄇ	ㅁ		x	ㄒ	ㅅ
순치성 脣齒聲	f	ㄈ	ㅍ	교설첨성 翹舌尖聲	zh[zhi]	ㄓ	ㅈ [즈]
					ch [chi]	ㄔ	ㅊ [츠]
설첨성 舌尖聲	d	ㄉ	ㄷ		sh [shi]	ㄕ	ㅅ [스]
	t	ㄊ	ㅌ		r [ri]	ㄖ	ㄹ [르]
	n	ㄋ	ㄴ	설치성 舌齒聲	z [zi]	ㄗ	ㅉ [쯔]
	l	ㄌ	ㄹ		c [ci]	ㄘ	ㅊ [츠]
설근성 舌根聲	g	ㄍ	ㄱ		s [si]	ㄙ	ㅆ [쓰]
	k	ㄎ	ㅋ				
	h	ㄏ	ㅎ				

운모(韻母)

음의 분류	한어 병음 자모	주음 부호	한글	음의 분류	한어 병음 자모	주음 부호	한글
단운 單韻	a	ㄚ	아	결합운모 結合韻母 / 제치류 齊齒類	ya(ia)	ㄧㄚ	야
	o	ㄛ	오		yo	ㄧㄛ	요
	e	ㄜ	어		ye(ie)	ㄧㄝ	예
	ê	ㄝ	에		yai	ㄧㄞ	야이
	yi(i)	ㄧ	이		yao(iao)	ㄧㄠ	야오
	wu(u)	ㄨ	우		you(iou, iu)	ㄧㄡ	유
	yu(u)	ㄩ	위		yan(ian)	ㄧㄢ	옌
복운 複韻	ai	ㄞ	아이		yin(in)	ㄧㄣ	인
	ei	ㄟ	에이		yang(iang)	ㄧㄤ	양
	ao	ㄠ	아오		ying(ing)	ㄧㄥ	잉
	ou	ㄡ	어우	합구류 合口類	wa(ua)	ㄨㄚ	와
부성운 附聲韻	an	ㄢ	안		wo(uo)	ㄨㄛ	워
	en	ㄣ	언		wai(uai)	ㄨㄞ	와이
	ang	ㄤ	앙		wei(ui)	ㄨㄟ	웨이(우이)
	eng	ㄥ	엉		wan(uan)	ㄨㄢ	완
권설운 捲舌韻	er(r)	ㄦ	얼		wen(un)	ㄨㄣ	원(운)
					wang(uang)	ㄨㄤ	왕
					weng(ong)	ㄨㄥ	웡(웅)
				촬구류 撮口類	yue(ue)	ㄩㄝ	웨
					yuan(uan)	ㄩㄢ	위안
					yun(un)	ㄩㄣ	윈
					yong(iong)	ㄩㄥ	융

[ ]는 단독 발음될 경우의 표기임. ( )는 자음이 선행할 경우의 표기임.

② **중국어의 표기 세칙**

표에 따르고, 다음 사항에 유의하여 적는다.

제1항 성조는 구별하여 적지 아니한다.

제2항 'ㅈ, ㅉ, ㅊ'으로 표기되는 자음(ㄴ, ㅉ, ㄸ, ㄱ, ㅅ, ㄷ) 뒤의 'ㅑ, ㅖ, ㅛ, ㅠ' 음은 'ㅏ, ㅔ, ㅗ, ㅜ'로 적는다.

ㄴㅣㅏ 쟈 → 자   ㄴㅣㅙ 졔 → 제

③ 베트남어 자모와 한글 대조표

자모		한글		보기
		모음 앞	자음 앞·어말	
자음	b	ㅂ	—	Bao 바오, bo 보
	c, k, q	ㄲ	ㄱ	cao 까오, khac 칵, kiêt 끼엣, lăk 락, quan 꽌
	ch	ㅉ	ㄱ	cha 짜, bach 박
	d, gi	ㅈ	—	duc 죽, Dương 즈엉, gia 자, giây 저이
	đ	ㄷ	—	đan 단, Đinh 딘
	g, gh	ㄱ	—	gai 가이, go 고, ghe 개, ghi 기
	h	ㅎ	—	hai 하이, hoa 호아
	kh	ㅋ	—	Khai 카이, khi 키
	l	ㄹ, ㄹㄹ	—	lâu 러우, long 롱, My Lai 밀라이
	m	ㅁ	ㅁ	minh 민, măm 맘, tôm 똠
	n	ㄴ	ㄴ	Nam 남, non 논, bun 분
	ng, ngh	응	ㅇ	ngo 응오, ang 앙, đông 동, nghi 응이, nghê 응에
	nh	니	ㄴ	nhât 녓, nhơn 년, minh 민, anh 아인
	p	ㅃ	ㅂ	put 뿟, chap 짭
	ph	ㅍ	—	Pham 팜, phơ 퍼
	r	ㄹ	—	rang 랑, rôi 로이
	s	ㅅ	—	sang 상, so 소
	t	ㄸ	ㅅ	tam 땀, têt 뗏, hat 핫
	th	ㅌ	—	thao 타오, thu 투
	tr	ㅉ	—	Trân 쩐, tre 째
	v	ㅂ	—	vai 바이, vu 부
	x	ㅆ	—	xanh 싸인, xeo 쌔오

	자모	한글	보기
모음	a	아	an 안, nam 남
	ă	아	ăn 안, Đăng 당, măc 막
	â	어	ân 언, cân 껀, lâu 러우
	e	애	em 앰, cheo 째오
	ê	에	êm 엠, chê 쩨, Huê 후에
	i	이	in 인, dai 자이
	y	이	yên 엔, quy 꾸이
	o	오	ong 옹, bo 보
	ô	오	ôm 옴, đông 동
	ơ	어	ơn 언, sơn 선, mơi 머이
	u	우	um 움, cung 꿍
	ư	으	ưn 은, tư 뜨
이중 모음	ia	이어	kia 끼어, ria 리어
	iê	이에	chiêng 찌엥, diêm 지엠
	ua	우어	lua 루어, mua 무어
	uô	우오	buôn 부온, quôc 꾸옥
	ưa	으어	cưa 끄어, mưa 므어, sưa 스어
	ươ	으어	rươu 르어우, phương 프엉

④ 베트남어의 표기 세칙

표에 따르고, 다음과 같은 특징을 살려서 적는다.

제1항 nh는 이어지는 모음과 합쳐서 한 음절로 적는다. 어말이나 자음 앞에서는 받침 'ㄴ'으로 적되, 그 앞의 모음이 a인 경우에는 a와 합쳐 '아인'으로 적는다.

Nha Trang 냐짱 Hô Chi Minh 호찌민

Thanh Hoa 타인호아 Đông Khanh 동카인

제2항 qu는 이어지는 모음이 a일 경우에는 합쳐서 '꽈'로 적는다.

Quang 꽝   hat quan ho 핫꽌호

Quôc 꾸옥   Quyên 꾸옌

제3항 y는 뒤따르는 모음과 합쳐서 한 음절로 적는다.

yên 옌   Nguyên 응우옌

제4항 어중의 l이 모음 앞에 올 때에는 'ㄹㄹ'로 적는다.

klông put 끌롱뿟   Pleiku 쁠래이꾸

Ha Long 할롱   My Lai 밀라이

다만, 인명의 성과 이름은 별개의 단어로 보아 이 규칙을 적용하지 않는다.

Thê Lư 테르   Chê Lan Viên 쩨란비엔

①～④에서 볼 수 있듯이 각 언어별로 한글 대조표와 세칙이 있다. 이것을 참조하여 그 나라의 말을 한글로 적을 때 어떻게 적을지 정할 수 있다. 중국어 표기법은 1986년에 정해졌기 때문에 그때의 사정에 따라 한어 병음 자모와 주음 부호가 함께 제시되었다. 베트남어 표기법은 2004년에 정해졌다. 한국어의 특성 때문에 같은 자음 자모라도 모음 앞에 적을 때와 자음 앞 또는 어말에 적을 때 달리 적을 수도 있다. 베트남어 표기법에서는 두 가지 경우를 나눠 한글로 적는 방법을 제시하였다. 그리고 '보기'에서 예를 제시하였다.

지금까지 모두 21개 언어에 대한 표기법이 마련되었다.

1986년: 영어, 독일어, 프랑스어, 에스파냐어, 이탈리아, 일본어, 중국어

1992년: 폴란드어, 체코어, 세르보크로아트어, 루마니아어, 헝가리어(동구권)

1995년: 스웨덴어, 노르웨이어, 덴마크어(북구권)

2004년: 말레이인도네시아어, 타이어, 베트남어(동남아권)

2005년: 포르투갈어, 네덜란드어, 러시아어

이렇게 표기법이 마련되어 있어 언론 등에서는 이 표기법에 따라 적고 있다. 과거에 한 단어를 여러 가지로 표기하던 것들이 이제는 많이 정리되었다. 다만, 두 가지 표기가 널리 쓰이는 것들은 둘 다 인정을 하기도 한다. 예를 들어 'jumper'를 뜻하는 말은 '점퍼, 잠바'로 둘 다 쓸 수 있고 'gauze'를 뜻하는 말도 '거즈, 가제'로 쓸 수 있다. 이들은 같은 뜻의 말이 다른 두 언어를 통해 들어온 경우이다. 'cut'은 의미에 따라 '커트'와 '컷'을 구분하여 적는다. 영어로부터 온 말이지만 한국어에서 달리 표기가 굳어져 그것을 인정한 경우이다.

한국어 모어 화자들이 말하거나 쓸 때 종종 듣거나 볼 수 있지만 규범적인 것으로 인정이 되지 않는 것들도 꽤 있다.

기브스 → 깁스	로케트 → 로켓	리모콘 → 리모컨	링겔 → 링거
맘모스 → 매머드	메세지 → 메시지	바베큐 → 바비큐	부페 → 뷔페
소세지 → 소시지	앵콜 → 앙코르	자켓 → 재킷	케찹 → 케첩
코메디 → 코미디	탈렌트 → 탤런트	화일 → 파일	

→ 앞에 있는 것이 종종 듣거나 볼 수 있는 표기이고 뒤에 있는 것이 규범적인 것으로 인정이 된 표기이다. 「외래어 표기법」이 정해지기 전에 이미 사람들이 쓰던 말이어서 표기와 다르게 말하고 쓰는 일이 아직도

이어지고 있다.

그런데 지금도 새로운 외래어가 계속 들어오고 있다. 외래어 표기를 전문적으로 공부한 사람이 아니면 어떻게 적는 게 좋을지 결정하기 쉽지 않다. 많은 사람들이 「외래어 표기법」을 잘 몰라 들리는 대로 적는 경우가 흔하다. 그러다 보니 표기법에서 정한 원칙과 다르게 표기하는 일도 계속 생긴다. '거즈, 가제'의 사례와 마찬가지로 각기 다른 언어에서 들어온 말이 함께 쓰이기도 하고 있다.

이처럼 외래어 표기에서 생기는 혼란을 막기 위하여 국립국어원에서 새로 사용되는 외래어의 표기를 정해서 공개하고 있다. 계속 새로운 예를 쌓아 가고 있기 때문에 사전뿐만 아니라 국립국어원 홈페이지(kornorms.korean.go.kr) '용례 찾기'에서 공개되는 외래어 표기 용례도 찾아볼 것을 권한다. 그 용례에는 한국의 언론에 실리는 외국의 인명, 지명이 많이 포함되어 있다.

「국어의 로마자 표기법」은 한글을 모르는 사람을 위하여 한국어를 국제적으로 많이 사용되는 로마자로 표기하는 기준을 제시한 규정이다. 현재 따르고 있는 규정은 2000년에 개정된 것이다. 이 책에서는 한국어의 표기와 발음을 다루기 때문에 「국어의 로마자 표기법」에 대해서는 소개하지 않는다.

참고 문헌

구본관(2010), 『외래어 표기 규범 영향 평가』, 국립국어원.

국립국어원(2018), 『'한글 맞춤법', '표준어 규정' 해설』.

국어연구소(1988), 『표준어 규정 해설』.

국어연구소(1988), 『한글 맞춤법 해설』.

김선철(2003), 『표준 발음 실태 조사Ⅱ』, 국립국어연구원.

김성규(2012), 『표준 발음법 영향 평가』, 국립국어원.

박창원(2012), 『한국어의 표기와 발음』, 지식과교양.

배주채(2013), 『한국어의 발음(개정판)』, 삼경문화사.

유현경 외(2018), 『한국어 표준 문법』, 집문당.

이관규(2014), 『한글 맞춤법 영향 평가』, 국립국어원.

이선웅 외(2017), 『한국어 정서법(개정판)』, 사회평론아카데미.

이진호(2012), 『한국어의 표준 발음과 현실 발음』, 아카넷.

이희승(1959), 『한글 맞춤법 통일안 강의』, 신구문화사.

이희승·안병희(1994), 『고친판 한글 맞춤법 강의』, 신구문화사.

조형일(2017), 『한국어 교육자를 위한 한국 어문 규범』, 박이정.

최혜원(2001), 『외래어 발음 실태 조사』, 국립국어연구원.

한성우(2011), 『표준어 규범 영향 평가』, 국립국어원.

한재영(2019), 『한국어 교사를 위한 한국어 어문 규범』, 신구학원신구문화사.

목차

머리말	... 5
일러두기	... 9
한국의 어문 규정	... 12
참고 문헌	... 21

1. 한글 표기 기준 ... 24

2. 받침 표기의 발음 ... 31

3. 한글 자모의 순서와 이름 ... 50

4. 된소리를 표기에 반영하지 않는 경우 ... 54

5. 구개음화 ... 65

6. [ㄷ] 소리 받침 ... 69

7. 모음의 표기 ... 72

8. 두음 법칙 ... 78

9. 한자어 속음 ... 86

10. 어미 '-아'와 '-어'의 선택 ... 89

11. 어미 활용(1) ... 97

12. 어미 활용(2) ... 104

13. 복합어에서의 소리 변화 ... 119
14. 사이시옷 ... 125
15. 체언과 조사 결합에서의 준말 ... 136
16. 용언과 어미 '-아/-어' 결합에서의 준말 ... 144
17. 용언 어간 모음 + '-이-'의 준말 ... 160
18. '-하-'의 줄어듦과 '-잖-', '-찮-' ... 166
19. 띄어쓰기 ... 172
20. 부사 끝의 '-이'와 '-히' ... 180
21. 접두사 '수-'의 표준어 ... 188
22. 'ㅣ' 역행 동화 ... 191
23. '위'와 '윗' ... 195
24. 복수 표준어 ... 198
25. [ㄴ] 소리 첨가 ... 204
26. 외래어의 받침 표기 ... 211
27. 외래어의 된소리 표기 ... 214
28. 동양의 인명, 지명 표기 ... 221

용어 색인 ... 228
단어 색인 ... 231

1. 한글 표기 기준

> 한글 맞춤법은 표준어를 소리대로 적되, 어법에 맞도록 함을 원칙으로 한다.(【맞】제1항)

한국어를 한글로 적는 기준을 밝힌 규정이다. 「한글 맞춤법」이 1933년에 처음 만들어졌을 때 확립된 기준이다. 「한글 맞춤법」은 1988년에 개정이 되었다. 이 기준은 개정 때도 그대로 남아 지금까지도 한글을 적는 중요한 기준이 되고 있다.

이 기준은 크게 두 가지로 나눌 수 있다.

첫째, 표준어를 소리대로 적음
둘째, 어법에 맞도록 함

표준어를 소리대로 적음은 한국어 모어 화자들이 표준어를 말하는 대로 적는다는 것이다. 중요한 것은 둘째 기준이다. 어법에 맞도록 함은 뜻을 파악하기 쉽도록 소리가 바뀌더라도 표기를 동일하게 한다는 것이다.

한국어를 한글로 적을 때 크게 두 가지 방법이 있다. 첫째는 소리 나는 대로 적는 것이다. 이렇게 적는 방법을 음소주의 표기법이라고 한다. 둘째는 소리를 무시하고 같은 뜻의 말은 같은 글자로 적는 것이다. 이것은 형태주의 표기법이라고 한다. 이처럼 두 가지 방법이 있는 것은 한국어는 뒤에 조사나 어미 등이 덧붙으면서 소리가 바뀌는 일이 흔하기 때문이다. 이 두 가지 방법에 따라 적는 방식은 다시 여러 가지가 있을 수 있으나 설명을 위해 적당한 수준에서 예를 제시하면 아래와 같다.

음소주의 표기법	형태주의 표기법
꼰만 꺼껃따	꽃만 꺾었다
꼬츨 꺽찌 마라	꽃을 꺾지 마라
꼳또 껑는다	꽃도 꺾는다

위의 예는 '꽃'이라는 명사와 뒤에 이어지는 조사, '꺾-'이라는 동사와 뒤에 이어지는 어미가 결합할 때의 모습을 보인 것이다. 음소주의 표기법의 예에서 볼 수 있듯이 '꽃'과 '꺾-'이라는 말이 뒤에 이어지는 조사나 어미에 따라 소리가 바뀐다. 음소주의 표기법은 이를 그대로 반영하여 소리가 바뀌면 글자도 바꿔 적는다. 이와 달리 형태주의 표기법에서는 소리가 바뀌어도 글자를 바꿔 적지 않는다.

형태주의 표기법에서는 보통 여러 소리 중에서 모음 앞에서 나는 소리를 대표로 삼아서 적는다. 이처럼 대표로 삼는 형태를 보통 '기본형'이라고 한다. '꽃'이라고 적는 것은 '꼬츨'에서 볼 수 있듯이 뒤에 모음으로 시작하는 조사 '을'이 붙었을 때 [꼬치]로 소리가 나기 때문이다. '꺾-'으로 적는 것도 역시 '꺾껀따'에서 볼 수 있듯이 모음으로 시작하는 어미 '-었-'이 붙었을 때 [꺼끼]으로 소리가 나기 때문이다. ❶

　음소주의 표기법은 소리 나는 대로 적으면 되기 때문에 배우기가 쉽다고 평가를 받는다. 형태주의 표기법은 기본형을 알고 표기를 해야 하기 때문에 배우기가 어렵다고 평가를 받는다. 그렇지만 음소주의 표기법보다 읽기에 좋은 표기법이라고 평가를 받는다. 형태가 고정되기 때문에 앞뒤의 내용을 몰라도 쉽게 어떤 단어인지 알 수 있는 경우가 많기 때문이다. 위의 예에서 '꽃'은 다른 의미의 단어를 표기하는 데 거의 사용하지 않고 대부분 꽃을 의미할 때만 사용되는 글자이다. '꺾-'도 마찬가지여서 대부분 꺾는다는 뜻과 관련된 단어에서만 사용된다. 그렇기 때문에 '꽃'이나 '꺾'이라는 글자를 만나면 무엇을 뜻하는 말인지 쉽게 짐작할 수 있다. 이에 비해 소리 나는 대로 적었을 때는 글자가 바뀌기 때문에 앞뒤의 내용을 보면서 뜻을 짐작해야 한다. 그래서 형태주의 표기법이 읽기에 좋다는 평가를 받는다.

　어법에 맞도록 한다는 것은 형태주의 표기법을 따름을 밝힌 것이다. 같은 뜻을 가진 말이 여러 가지로 소리가 나더라도 어법, 즉 한국어의 언어 법칙을 고려하여 한 가지 표기를 선택하고 실제 나는 소리가 다르더라도 선택한 표기대로 적도록 한 것이다. 그리고 같은 뜻을 가진 말을 형태를 고정하여 표기하기 위하여 체언과 조사, 용언의 어간과 어미는 구별하여 적는다.(〔맞〕제14항, 제15항)

- 체언과 조사의 구별

단어 \ 조사	+이	+을	+에	+도	+만
떡	떡이	떡을	떡에	떡도	떡만
집	집이	집을	집에	집도	집만
밖	밖이	밖을	밖에	밖도	밖만
흙	흙이	흙을	흙에	흙도	흙만
삶	삶이	삶을	삶에	삶도	삶만

- 용언의 어간과 어미의 구별

단어 \ 어미	+-고	+-아/-어	+-으니
먹다	먹고	먹어	먹으니
입다	입고	입어	입으니
깎다	깎고	깎아	깎으니
늙다	늙고	늙어	늙으니
젊다	젊고	젊어	젊으니

표기를 정하는 기준은 앞에서 말했듯이 대체로 모음 앞에서 어떤 소리가 나는가이다. 한국어에서 모음 앞에서 나는 자음의 소리는 많은 편이다. 모음 앞에서 나는 자음의 소리는 앞 글자의 모음 아래에 받쳐서, 즉 받침으로 적는다. 그렇기 때문에 받침의 자리에 적을 수 있는 자모 또한 많은 편이다. 다음과 같이 27개나 있다.

ㄱ ㄲ ㄳ ㄴ ㄵ ㄶ ㄷ ㄹ ㄺ ㄻ ㄼ ㄽ ㄾ ㄿ ㅀ ㅁ ㅂ ㅄ ㅅ ㅆ ㅇ ㅈ ㅊ ㅋ ㅌ ㅍ ㅎ

그렇지만 한국어 모어 화자들이 이 27개를 받침에서 다 발음할 수 있는 것은 아니다. 이들 받침이 들어간 말이 단독으로, 즉 뒤에 다른 말이 붙지 않거나 또는 뒤에 자음으로 시작하는 말이 붙을 때는 7개의 소리만 구분해서 발음할 수 있다. 형태주의 표기법을 택했기 때문에 실제로 소리가 나지 않아도 글자로 적는 것이다. 받침의 글자들을 어떻게 발음해야 하는지는 뒤에서(주제 2) 자세히 설명한다.

단독으로 쓰이는 말이 접두사나 접미사가 붙은 파생어 또는 합성어에서도 쓰이면 단독으로 쓸 때와 같은 글자로 적는다. 예를 들어 '얽히고설키다'는 [얼키고설키다]로 발음하는데 앞부분은 '얽히고'로 적고 뒷부분은 '설키다'로 달리 적는다. '얽히고'는 같은 뜻의 말인 '얽히다'가 단독으로 쓰인다. 그래서 '얽히다'를 따라서 '얽히고'라고 적는다. '설키다'는 단독으로 쓰이지 않는다. 다른 파생어나 합성어에서도 쓰이지 않는다. 오직 '얽히고설키다'에서만 사용된다. '섥히다'라고 적을 만한 다른 근거가 없는 것이다. 소리 나는 대로 '설키다'라고 적는다. 그래서 똑같이 [키]라는 발음이 들어갔는데 '얽히고설키다'로 적는 것이다.

단독으로 쓰이는 말이 있어 파생어나 합성어에서 단독으로 쓸 때의 표기를 따르는 몇 개의 예를 더 제시하면 아래와 같다.(【맞】제19항, 제27항)

① '-이'가 붙어서 명사로 된 파생어

    길이(길- + -이)   깊이(깊- + -이)   높이(높- + -이)   먹이(먹- + -이)

② '-ㅁ/-음'이 붙어서 명사로 된 파생어

    기쁨(기쁘- + -ㅁ)   앎(알- + -ㅁ)   믿음(믿- + -음)   얼음(얼- + -음)

③ 둘 이상의 단어가 어울린 합성어
꽃잎(꽃+잎) 싫증(싫-+증) 칼날(칼+날) 빛나다(빛+나다)

"어법에 맞도록 함을 원칙으로 한다"라고 '원칙으로 한다'라는 말이 더 들어간 것은 예외가 있을 수 있다는 뜻이다. 즉, 같은 글자로 적지 않고 실제 소리 나는 대로 달리 적는 경우가 있을 수 있다는 뜻이다. 실제로 맞춤법을 정한 전문가들이 어법에 맞도록 하기보다 소리 나는 대로 적는 게 더 낫다고 판단했을 때는 예외를 인정하였다.

예를 들어 '짓다'를 보자.

짓-: 짓고(짓-+-고) 짓지(짓-+-지)
지-: 지어(짓-+-어) 지으니(짓-+-으니)

'짓다'는 뒤에 자음으로 시작하는 어미가 오면 '짓-'으로 적는다. 그런데 모음으로 시작하는 어미가 오면 '지-'로 적는다. 모음으로 시작하는 어미 앞에서도 '짓어, 짓으니'처럼 형태를 고정하여 적을 수도 있는데 소리 나는 대로 적는 것을 택했다. 기본형은 어법에 따라 선택하여 적되 모음으로 시작하는 어미 앞에서 소리가 변할 때 변한 소리를 표기에 반영하였다. 어법에 맞도록 함에 예외가 된 것이다. '짓다'는 불규칙 용언인데 불규칙 용언에서 이처럼 소리 나는 대로 적는 표기를 흔히 볼 수 있다. 이에 대해서는 뒤에서(주제 11, 12) 다시 자세히 소개할 것이다.

도움말

❶
 '을', '-었-'은 초성에 'ㅇ'이라는 자음 자모가 있지만 이 'ㅇ'은 모음으로 시작하는 소리를 글자로 적을 때 필요하여 들어간 자모일 뿐이다. 그래서 모음으로 시작한다고 하는 것이다. '꼬츨/꽃을'은 [꼬슬]이라고 말하는 사람들이 많은데 규범적인 발음으로 인정되지 않는다.

2. 받침 표기의 발음

> (1) 받침 뒤에 모음으로 시작되는 조사나 어미, 접미사가 오는 경우에는 모음과 합쳐 발음한다.(【발】제13항 ~ 제14항)
>
> 옷이(옷+이)[오시]   깎아(깎-+-아)[까까]
> 닭을(닭+을)[달글]   앉아(앉-+-아)[안자]
>
> (2) 받침의 소리로는 'ㄱ, ㄴ, ㄷ, ㄹ, ㅁ, ㅂ, ㅇ'의 7개 자음만 발음한다.(【발】제8항)

　(1) 앞에서(주제 1) 지적했듯이 받침의 표기를 정할 때 모음 앞에서 나는 소리를 중요한 기준으로 삼았다. 그래서 받침에 오는 자음 글자는 보통은 뒤에 모음이 올 때 제대로 발음한다. 모음 앞에서 발음하는 방법을 더 자세히 설명하면 다음과 같다.

① ㄱ, ㄴ, ㄷ 같은 홑받침이나 ㄲ, ㅆ 같은 쌍받침은 뒤의 모음과 합쳐 발음한다.

([발]제13항)

체언+조사: 옷이(옷+-이)[오시] 낮이(낮+-이)[나지] 밭에(밭+-에)[바테]
앞으로(앞+-으로)[아프로] 밖이(밖+-이)[바끼]

용언+어미: 씻을(씻-+-을)[씨슬] 맞은(맞-+-은)[마즌] 쫓아(쫓-+-아)[쪼차]
깎아(깎-+-아)[까까] 있어(있-+-어)[이써]

용언+접미사: 믿음(믿-+-음)[미듬] 볶음(볶-+-음)[보끔] 깊이(깊-+-이)[기피]
덮이다(덮-+-이-+-다)[더피다] 묶이다(묶-+-이-+-다)[무끼다]

② ㄳ, ㄵ, ㄺ 같은 겹받침은 앞 자모는 받침으로 발음하고 뒤 자모는 뒤의 모음과 합쳐 발음한다.([발]제14항) ❶

체언+조사: 넋이(넋+-이)[넉씨] 닭을(닭+-을)[달글] 값을(값+-을)[갑쓸]

용언+어미: 앉아(앉-+-아)[안자] 젊어(젊-+-어)[절머] 핥아(핥-+-아)[할타]
읊어(읊-+-어)[을퍼]

용언+접미사: 젊음(젊-+-음)[절믐] 넓이(넓-+-이)[널비] 없이(없-+-이)[업씨]

홑받침이나 쌍받침은 하나의 소리이기 때문에 ①에서 설명했듯이 뒤의 모음과 합쳐 발음한다. 이에 비해 겹받침은 모음 앞에서 나는 두 개의 다른 소리를 하나의 받침으로 적기 위하여 합쳐 놓은 것이다. 그래서 뒤에 모음이 와서 제대로 발음할 수 있을 때는 나누어 발음한다. 즉, 앞 자모는 받침으로 발음하고 뒤 자모는 뒤의 모음과 합쳐 발음한다.

위에 든 예들은 조사나 어미, 접미사와 결합할 때 발음하는 방식이다. 그러나 뒤에 조사나 어미, 접미사가 아니라 실질적인 뜻을 갖는 말이 오면 받침은 대표가 되는 음으로 바뀐 후 뒤에 오는 모음과 합쳐 발음한다.([발]제15항) 아래에서 설명하는 어말 또는 자음 앞에 올 때처럼 발음하는 것이다.

실질적인 뜻을 갖는 말이 오는 경우는 합성어와 두 단어가 이어지는 구인 경우이다. 구에서는 단어 사이에 띄어쓰기를 한다. 그것은 하나의 단어가 단독으로 발음되는 것과, 즉 어말에서 발음되는 것과 비슷한 환경이다. 그래서 구에서도 대표가 되는 음으로 발음이 바뀌는 것이라고 할 수 있다.

합성어: 웃어른(웃 + 어른)[우더른]   첫인상(첫 + 인상)[처딘상]
　　　 맛없다(맛 + 없다)[마덥따]   겉옷(겉 + 옷)[거돋]
구:　 꽃 위[꼬뒤]   밭 아래[바다래]   숲 안[수반]

위의 예에서 받침에 오는 'ㅅ, ㅊ, ㅌ'은 대표가 되는 음이 [ㄷ]다. 그래서 '웃어른, 첫인상, 맛없다, 겉옷, 꽃 위, 밭 아래'에서 먼저 앞말의 받침이 [ㄷ]로 발음이 바뀐다. 그리고 나서 모음과 합쳐지기 때문에 받침의 자모 발음인 [시], [치], [티]가 아닌 [ㄷ]가 뒤에 오는 모음과 합쳐지는 것이다. 예를 들어 '웃어른'은 먼저 '웃'이 [욷]으로 발음이 바뀌고 받침의 [ㄷ]이 뒤에 오는 [어]와 합쳐지면서 [더]로 발음이 되어 전체 단어의 발음이 [우더른]이 되는 것이다. '숲 안'에서는 'ㅍ'은 대표가 되는 음이 [ㅂ]이므로 [수반]으로 발음한다.

겹받침의 경우에도 뒤에 실질적인 뜻을 갖는 말이 오면 대표가 되는 음으로 바뀐 후 뒤의 모음과 합쳐진다.([발]제15항 붙임) 앞 자모가 대표가 되는 음이 될 수도 있고 뒤 자모가 대표가 되는 음이 될 수도 있다.

값있다[가빋따]　몫 없다[모겁따]　닭 앞에[다가페]

'값'은 [갑], '몫'은 [목], '닭'은 [닥]이 각각 대표가 되는 음이기 때문에 먼저 그 소리로 바꾸고 이어서 뒤의 모음과 합쳐 발음한다. 예를 들어 '값있다'는 먼저 '값'이 [갑]으로 발음이 바뀌고 받침의 [ㅂ]이 뒤에 오는 [잍]과 연결되면서 [빋]으로 발음이 되어 전체 단어의 발음이 [가빋따]가 되는 것이다.

때로는 지금까지 밝힌 원칙을 따르지 않는 듯한 예들도 있다.

맛있다[마딛따/마싣따]　멋있다[머딛따/머싣따]

'맛있다, 멋있다'는 '있다'가 실질적인 뜻을 갖는 단어이므로 [마딛따], [머딛따]로 발음해야 한다. 위에서 예로 들었던 '값있다'를 [가빋따]로 발음하는 것과 같은 이유이다. 그런데 한국어 모어 화자들이 [마싣따], [머싣따]라고 발음을 많이 한다. 그래서 '맛있다, 멋있다'는 예외적으로 [마싣따], [머싣따]로도 발음할 수 있도록 허용하였다.(『발』제15항 다만) 두 가지 발음을 모두 규범적인 발음으로 인정한 것이다. 『기초사전』에서 '맛있다, 멋있다'를 찾으면 발음이 [마딛따/마싣따], [머딛따/머싣따]로 제시되어 있는 것은 이 때문이다.

(2) 뒤에 다른 말이 붙지 않은 어말의 위치 또는 자음 앞의 위치에서는 이들 받침의 발음이 복잡하다. 한국어에서는 받침에서 [ㄱ], [ㄴ], [ㄷ], [ㄹ], [ㅁ], [ㅂ], [ㅇ]의 7개 자음만 발음할 수 있다. 이들 각각의 발음을 반

영한 자모인 'ㄱ, ㄴ, ㄷ, ㄹ, ㅁ, ㅂ, ㅇ'은 받침에서 그대로 발음한다. 이 7개를 제외하고 받침에 쓰이는 다른 자모 글자들은 이들 7개 중의 하나로 발음해야 한다. 받침에 쓰이는 자모들의 실제 발음을 정리하면 아래와 같다.(【발】제9항~제11항) 발음 양상이 독특하여 아래에서 따로 다룰 'ㅎ'('ㅎ, ㄶ, ㅀ')을 제외한 24개의 자모이다.

① ㄱ, ㄲ, ㅋ, ㄳ, ㄺ → [ㄱ]

국과(국＋과)[국꽈] 닦다[닥따] 키읔[키윽] 넋[넉] 넋과(넋＋과)[넉꽈]
닭[닥] 닭과(닭＋과)[닥꽈] 맑지(맑-＋-지)[막찌]

그런데 용언의 끝에 오는 'ㄺ'은 'ㄱ'으로 시작하는 어미 앞에서는 [ㄹ]로 발음한다.(【발】제11항 다만)

맑게(맑-＋-게)[말께] 묽고(묽-＋-고)[물꼬] 읽거나(읽-＋-거나)[일꺼나]

위의 예들에서 형용사 '맑다'의 'ㄺ'은 어미 '-지'가 붙을 때는 [ㄱ]가 되어 [막찌]로 발음한다. 그런데 어미 '-게'가 붙을 때는 [ㄹ]가 되어 [말께]라고 발음한다. 같은 받침인데 뒤에 오는 자음에 따라 발음이 다르다. '묽고', '읽거나'에서 알 수 있듯이 '맑다'뿐만 아니라 'ㄺ'으로 끝나는 모든 용언에 적용된다.

용언은 뒤에 어미가 붙을 수 있는 동사나 형용사를 가리킨다. 위의 예에서 '닭과'는 뒤에 'ㄱ'으로 시작하는 '과'가 왔지만 [달꽈]가 아니라 [닥꽈]로 발음한다. '닭'은 명사, 즉 체언이지 용언이 아니기 때문이다.

② ㄴ, ㄵ → [ㄴ] ❷

    안과(안+과)[안꽈]   안다[안따]   앉다[안따]

③ ㄷ, ㅅ, ㅆ, ㅈ, ㅊ, ㅌ → [ㄷ]

    닫다[닫따]   옷도(옷+도)[옫또]   잇다[읻따]   있다[읻따]   젖[젇]   빛다[빋따]

    꽃[꼳]   쫓다[쫃따]   솥[솓]   뱉다[밷따]

④ ㄹ, ㄽ, ㄽ, ㄾ → [ㄹ] ❸

    하늘도(하늘+도)[하늘도]   여덟[여덜]   넓다[널따]   외곬[외골]   핥다[할따]

'ㄼ'으로 끝나는 용언은 '넓다, 떫다, 밟다, 얇다, 엷다, 짧다' 등이 있다. 다른 것들은 뒤에 자음 어미가 올 때 이 규정에 따라 다 [ㄹ]를 선택하여 [널-], [떨-], [얄-], [열-], [짤-]로 발음한다. 그런데 '밟다'만은 [ㅂ]을 선택하여 [밥-]으로 발음하는 것을 규범적인 발음으로 인정한다.(【발】 제10항 다만)

    밟다[밥따]   밟지(밟-+-지)[밥찌]   밟게(밟-+-게)[밥께]   밟고(밟-+-고)[밥꼬]

    넓다[널따]   넓지(넓-+-지)[널찌]   넓게(넓-+-게)[널께]   넓고(넓-+-고)[널꼬]

위의 예에서 보듯이 '밟다'는 자음 어미가 올 때 모두 [밥-]으로 발음한다. 비교를 위해 제시한 '넓다'는 이와 달리 모두 [널-]로 발음한다.

⑤ ㅁ, ㄻ → [ㅁ] ❷

    마음과(마음+과)[마음과]   삶[삼]   젊다[점따]

⑥ ㅂ, ㅍ, ㄼ, ㅄ → [ㅂ]

밥[밥]   업다[업따]   앞[압]   덮다[덥따]

값[갑]   없다[업따]   읊다[읍따]   읊고(읊-+-고)[읍꼬]

⑦ ㅇ → [ㅇ]

이응[이응]   사랑과(사랑+과)[사랑과]

　　받침 자모들은 대부분 한국어 모어 화자들이 별로 어려움이 없이 규정에 따라 발음한다. 'ㄳ, ㄵ, ㅄ'과 같은 겹받침의 경우에도 앞 자모로 발음하므로 별로 어려움이 없다. 그런데 'ㄹ'이 포함된 겹받침의 경우에는 혼란스럽다. 위에서 보았듯이 어떤 경우에는 앞에 오는 [ㄹ]로 발음하고 어떤 경우에는 뒤에 오는 다른 자모로 발음한다. 거기에 더해 이미 밝혔듯이 '맑다', '밟다' 같은 것들은 같은 겹받침을 가진 다른 단어들과 다르게 발음한다. 한국어 모어 화자들이 'ㄹ'이 들어간 겹받침을 발음할 때 많이 혼란을 보였다. 그래서 널리 쓰이는 쪽을 규범적인 발음으로 인정하다 보니 예외가 생겼다. 이 혼란은 아직도 완전히 없어지지 않아 여전히 규범적이지 않은 발음을 들을 수 있다. 예컨대 '맑지[말찌]', '밟지[발찌]'와 같은 발음을 들을 수 있다.

　　받침에 오는 7개의 소리는 뒤에 이어지는 소리에 따라 다시 발음이 바뀌기도 한다.

[ㄴ], [ㅁ] 앞에서 [ㄱ]는 [ㅇ]으로, [ㄷ]는 [ㄴ]로, [ㅂ]는 [ㅁ]로 발음한다.(【발】제18항) ❹

[ㄱ] → [ㅇ]: 먹는(먹-+-는)[멍는]　국물[궁물]　깎는(깎-+-는)[깍는 → 깡는]
　　　　　키읔만(키읔+만)[키윽만 → 키응만]　넋만(넋+만)[넉만 → 넝만]
　　　　　굵는(굵-+-는)[극는 → 긍는]　흙만(흙+만)[흑만 → 흥만]

[ㄷ] → [ㄴ]: 닫는(닫-+-는)[단는]　맏며느리[만며느리]
　　　　　짓는(짓-+-는)[짇는 → 진는]　빗물[빋물 → 빈물]
　　　　　있는(있-+-는)[읻는 → 인는]　맞는(맞-+-는)[맏는 → 만는]
　　　　　낮말[낟말 → 난말]　쫓는(쫓-+-는)[쫃는 → 쫀는]　몇몇[멷멷 → 면몇]
　　　　　붙는(붙-+-는)[붇는 → 분는]　겉모습[걷모습 → 건모습]

[ㅂ] → [ㅁ]: 잡는(잡-+-는)[잠는]　십만[심만]　덮는(덮-+-는)[덥는 → 덤는]
　　　　　앞머리[압머리 → 암머리]　밟는(밟-+-는)[밥는 → 밤는]
　　　　　읊는(읊-+-는)[읍는 → 음는]　없는(없-+-는)[업는 → 엄는]
　　　　　값만(값+만)[갑만 → 감만]

　한국어에서는 받침에 오는 파열음 [ㄱ], [ㄷ], [ㅂ]는 뒤에 비음인 [ㄴ], [ㅁ]가 첫소리로 오면 같은 위치에서 발음이 되는 비음인 [ㅇ], [ㄴ], [ㅁ]로 발음해야 한다. 한국어에서 비음은 [ㅇ], [ㄴ], [ㅁ] 3개이지만 [ㅇ]은 첫소리에 올 수 없다. 그래서 첫소리에는 [ㄴ], [ㅁ]만 온다. 비음으로 바뀌는 이 현상은 예외가 없다. 바꾸어 말하면 한국어에서는 첫소리에 [ㄴ], [ㅁ]이 오면 그 앞 받침의 소리로 [ㄱ], [ㄷ], [ㅂ]를 발음할 수 없다. 같은 위치에서 발음이 되는 비음으로 바꿔 발음해야 한다. 파열음 [ㄱ], [ㄷ], [ㅂ]가 비음으로 바뀐다고 하여 이것을 '비음화'라고 한다.

두 단어를 이어서 한 번에 발음하는 경우에도 비음화하여 발음한다.([발]제18항 붙임)

책 넣는다(넣-+-는다)[챙년는다]   흙 말리다[흑말리다 → 홍말리다]
옷 맞추다[옫맏추다 → 온맏추다]   밥 먹는다(먹-+-는다)[밤멍는다]
값 매기다[갑매기다 → 감매기다]

두 단어를 끊어 발음할 때는 비음으로 발음하지 않아도 된다. 예를 들어 위의 예에서 '책 넣는다'를 [책]과 [넌는다]를 끊어서 발음할 때는 [챙]이 아니라 [책]이라고 발음해도 된다.

⋈

받침에 오는 7개의 소리는 뒤에 [ㄹ]가 이어질 때도 소리가 바뀌기도 한다. 이때는 받침의 소리가 바뀌기도 하지만 이어지는 [ㄹ]가 소리가 바뀌기도 한다.

① **앞에 받침으로 'ㄴ'이 오면 이때는 받침의 [ㄴ]를 [ㄹ]로 발음한다.([발]제20항)**
관람[괄람]   난로[날로]   분류[불류]   신랑[실랑]

뒤에 [ㄹ]가 와서 그 앞에 오는 '관, 난, 분, 신' 등 본래 [ㄴ]를 받침으로 가졌던 말들을 [괄], [날], [불], [실] 등 [ㄹ]로 바꿔 발음한다.
[ㄴ]는 [ㄹ]의 뒤에 올 때도, 즉 앞에 받침으로 [ㄹ]가 오고 뒤에 첫소리로 [ㄴ]가 이어질 때도 [ㄹ]로 바뀐다.

실내[실래] 별나다[별라다] 오늘날[오늘랄]

먹을는지(먹-+-을는지)[머글른지] 닳는(닳+-는)[달는→달른]

뚫는(뚫+-는)[뚤는→뚤른] 핥는(핥+-는)[할는→할른]

'실내'를 예로 보면 '실' 뒤에 첫소리가 [ㄴ]인 '내'가 이어졌는데 앞에 있는 받침 [ㄹ]의 영향으로 [래]로 바꿔 발음한다. 발음이 기준이기 때문에 '닳는, 뚫는, 핥는'처럼 겹받침을 가진 말들도 자음 앞에서 [ㄹ]로 발음이 되면 뒤에 오는 [ㄴ] 첫소리가 역시 [ㄹ]로 바뀐다. 그래서 [달른], [뚤른], [할른]처럼 발음한다. ❺

지금까지 보았듯이 [ㄴ]와 [ㄹ]는 첫소리와 받침의 소리로 서로 만날 수 없다. [ㄴ]는 [ㄹ]의 앞에 올 때나 뒤에 올 때나 [ㄹ]로 발음한다. 이처럼 [ㄴ]가 [ㄹ]로 바뀌는 현상은 유음이 아닌 소리가 유음 [ㄹ]로 바뀐다고 하여 '유음화'라고 한다.

그렇지만 일부의 단어에서는 [ㄴ]가 [ㄹ]로 바뀌는 것이 아니라 [ㄹ]가 [ㄴ]로 바뀌기도 한다.(《발》제20항 다만)

생산량[생산냥] 결단력[결딴녁] 공권력[공꿘녁] 동원령[동원녕] 상견례[상견녜]

횡단로[횡단노] 이원론[이원논]

위의 예들은 받침의 [ㄴ]에 [ㄹ]가 이어졌는데 받침의 [ㄴ]가 [ㄹ]로 바뀌지 않고 오히려 뒤에 오는 [ㄹ]가 [ㄴ]로 바뀌었다. [ㄴ]와 [ㄹ]가 만날 수 없다는 것은 변함이 없지만 [ㄴ] → [ㄹ] 대신 [ㄹ] → [ㄴ]로 바뀌는 것이다.

일부 단어에서 [리][리]가 아니라 [니][니]로 바뀌는 것은 한국어 모어 화자들이 단어에 따라 다르게 발음해 왔기 때문이다. 그래서 위에 제시한 단어들을 포함하여 일부 단어에서는 예외로 [니][니]로 발음하는 것을 규범적인 것으로 인정하였다.

[리][리]만 아니라 [니][니]로도 발음하기 때문에 받침 'ㄴ'과 첫소리 'ㄹ'이 만나는 새로운 단어가 생기면 한국어 모어 화자들은 두 가지로 다 발음하기도 한다. 즉, [리][리]로 발음하기도 하고 [니][니]로 발음하기도 한다.

다운로드 [다울로드] [다운노드]　　온라인 [올라인] [온나인]　　원룸 [월룸] [원눔]

'다운로드(download), 온라인(online), 원룸(one room)'은 모두 외래어이다. 위에 제시한 것처럼 두 가지로 발음이 된다. 그럼 어떻게 발음해야 하는가? 이 단어들은 규범적인 발음이 정해지지 않았다. [니][니]인 [다운노드], [온나인], [원눔]으로 더 많이 발음하는 것 같다 정도만 말할 수 있다. 외래어는 발음에 여러 문제점이 있어 『기초사전』이나 『표준국어대사전』에서 발음을 제시하지 않았다. 그래서 이들 사전에서 '온라인, 원룸, 다운로드'를 찾으면 발음에 관한 정보가 없다. 그렇다고 글자 그대로 발음하라는 것은 아니다.

② 앞에 받침으로 'ㅁ, ㅇ'이 오면 이어지는 [ㄹ]는 [ㄴ]로 발음한다.(【발】제19항)

'ㅁ' 뒤: 심리[심니]　염려[염녀]　음료[음뇨]　침략[침냑]
'ㅇ' 뒤: 경력[경녁]　동료[동뇨]　등록[등녹]　생략[생냑]　승리[승니]

③ 앞에 받침으로 'ㄱ, ㅂ'이 오면 이어지는 [ㄹ]는 [ㄴ]로 발음한다.(「발」제19항)

③이 ②와 다른 것은 앞의 받침도 소리가 바뀐다는 점이다. [ㄹ]가 [ㄴ]로 발음이 되면서 [ㄱ], [ㅂ]는 뒤에 비음 [ㄴ]가 이어지게 된다. 그래서 [ㄱ], [ㅂ]가 위에서 설명했듯이 비음화하여 [ㅇ], [ㅁ]로 바뀐다.

[ㄱ] → [ㅇ]: 격려[격녀 → 경녀] 독립[독닙 → 동닙] 식량[식냥 → 싱냥]
　　　　　　기억력[기억녁 → 기엉녁]
[ㅂ] → [ㅁ]: 법률[법뉼 → 범뉼] 압력[압녁 → 암녁] 합리적[합니적 → 함니적]

'ㄹ'은 뒤에 [ㄹ]가 이어질 때 그대로 발음한다. 소리에 변화가 없기 때문에 「표준 발음법」에서 따로 다루지 않았다.

달력[달력] 멀리[멀리] 물론[물론] 별로[별로] 실례[실례]

지금까지 받침에 오는 소리가 뒤에 [ㄹ]가 이어질 때 발음하는 양상을 설명하였는데 이를 정리하면 다음과 같다. ❻

- 'ㄴ'은 자신이 [ㄹ]로 바뀌거나 뒤에 이어지는 [ㄹ]를 [ㄴ]로 바꾼다.
- 'ㄱ, ㅁ, ㅂ, ㅇ'은 뒤에 이어지는 [ㄹ]를 [ㄴ]로 바꾼다. 그리고 'ㄱ, ㅂ'은 [ㅇ], [ㅁ]로 바뀐다.
- 'ㄹ' 뒤에 이어지는 [ㄹ]는 [ㄹ]로 그대로 발음한다.

받침에 오는 소리 중에는 [ㅎ]과 만났을 때 발음이 거센소리로 바뀌는 것들이 있다.(〔발〕제12항 1. 붙임 1) 한국어에서 거센소리는 [ㅋ], [ㅌ], [ㅍ], [ㅊ]의 4개이다. 한국어에서 'ㅎ'과 'ㄱ, ㄷ, ㅂ, ㅈ'는 어느 쪽이 먼저 오든 만나면 합쳐서 [ㅋ], [ㅌ], [ㅍ], [ㅊ]로 발음한다. 'ㅎ'이 앞에 오는 것은 아래에서 다루고 여기서는 'ㅎ'이 뒤에 오는 것만 다룬다.

① 'ㄱ, ㄷ, ㅂ'로 적는 [ㄱ], [ㄷ], [ㅂ]는 뒤에 [ㅎ]가 이어질 때 합쳐서 각각 [ㅋ], [ㅌ], [ㅍ]로 발음한다.

축하[추카]   먹히다[머키다]   맏형[마텽]   입학[이팍]   좁히다[조피다]

'ㅅ, ㅈ, ㅊ, ㅌ'도 대표가 되는 음인 [ㄷ]로 바뀐 후 뒤에 이어지는 [ㅎ]와 합쳐서 [ㅌ]로 발음한다.(〔발〕제12항 1. 붙임 2) 'ㅍ'도 마찬가지이다. [ㅂ]로 바뀐 후 뒤에 이어지는 [ㅎ]와 합쳐서 [ㅍ]로 발음한다.

못하다[모타다]   첫해[처태]   늦휴가[1][느튜가]   꽃향기[꼬턍기]   숱하다[수타다]
앞항[2][아팡]

'못하다, 첫해, 늦휴가, 꽃향기'의 발음에서 [ㅌ] 소리가 확인된다. 받침으로 적은 'ㅅ, ㅈ, ㅊ'이 대표가 되는 음인 [ㄷ]로 된 후에 뒤에 오는 [ㅎ]과 결합하여 [ㅌ]가 된 것이다. ❼

---

1   늦휴가: 휴가 때가 지나서 가는 휴가.
2   앞항: 앞에 적혀 있는 사항.

피사동 접미사 '-히-' 앞에서 [ㄷ]가 올 때는 발음이 한 번 더 바뀐다. 위에서 제시한 예인 '먹히다[머키다], 좁히다[조피다]'의 경우는 [ㄱ] + '-히-'→[키], [ㅂ] + '-히-'→[피]로 바뀌었지만 아래에 제시하는 소리들은 원칙에 맞는 [티]로 발음하지 않고 [치]로 발음한다.

ㄷ +-히-: 같히다[가치다] 닫히다[다치다] 묻히다[무치다]
ㅈ +-히-: 꽂히다[꼬치다] 맞히다[마치다] 잊히다[이치다] 부딪히다[부디치다]

'ㄷ'은 '-히-'와 만났을 때 [티]가 아닌 [치]로 발음한다. 구개음화 때문에 [티]가 [치]로 바뀐 것인데 이에 대해서는 뒤에서(주제 5) 다룬다.

'ㅈ'도 '-히-'를 만나서 [치]가 되었다. 위에서 제시한 예인 '늦휴가[느튜가]'를 보면 'ㅈ'도 'ㅎ'과 만났을 때 먼저 대표가 되는 음인 [ㄷ]로 바뀌어야 한다. 그렇다면 'ㅈ'과 '-히-'가 만나서 먼저 [티]가 되고 역시 구개음화로 [치]로 바뀌었다고 할 수 있다. 그런데 옛날 자료를 보면 구개음화가 일어나기 전에 이미 'ㅈ'과 '-히-'가 만난 단어는 [치]로 발음하였다. 그렇다면 과거의 발음을 그대로 하는 것일 수도 있다. 옛날 자료를 근거로 'ㅈ' + '-히-'가 [치]가 된 것으로 보거나 [티]가 되었다가 구개음화로 [치]로 바뀌었다고 보거나 결국 발음은 [치]가 된다.

두 단어를, 즉 구를 이어서 한 단어처럼 발음할 때에도 합쳐서 발음한다.

옷 한 벌[오탄벌] 낮 한때[나탄때] 꽃 한 송이[꼬탄송이]
밥 한 사발[바판사발] 팥 한 알[파타날] 국 한 대접[구칸대접]

이들 예에서도 모두 앞말이 대표가 되는 음인 [ㄷ], [ㅂ], [ㄱ]가 된 후 뒤에 이어지는 [ㅎ]와 합쳐서 [ㅌ], [ㅍ], [ㅋ]가 되었다.

『표준어 규정 해설』에 따르면 단어를 끊어서 발음할 때는 합쳐서 발음하지 않는다.

옷 한 벌[옫 한 벌]   낮 한때[낟 한때]   꽃 한 송이[꼳 한 송이]
밥 한 사발[밥 한 사발]   팥 한 알[팓 한 알]   국 한 대접[국 한 대접]

위처럼 끊어서 발음할 때는 대표가 되는 음과 [ㅎ]가 각각 발음이 된다. 이것도 규범적인 발음으로 인정이 된다. 두 단어를, 즉 구를 이어서 발음할 때는 합쳐서 발음하는 것과 끊어서 발음하는 것이 모두 규범적인 발음이 되는 것이다.

② 용언의 경우 'ㄺ, ㄼ, ㄵ'처럼 겹받침 뒤에 [ㅎ]가 이어지면 겹받침 자모 중에서 뒤 자모인 'ㄱ, ㅂ, ㅈ'을 [ㅎ]와 합쳐서 [ㅋ], [ㅍ], [ㅊ]로 발음한다.

밝히[발키]   밝히다[발키다]   밟히다[발피다]   넓히다[널피다]
앉히다[안치다]   얹히다[언치다]

체언의 경우에는 이와 달리 대표가 되는 음으로 먼저 바뀌고 뒤에 [ㅎ]과 합쳐서 발음한다.

흙하고(흙+하고)[흑하고 → 흐카고]   닭한테(닭+한테)[닥한테 → 다칸테]

'ㅎ'이 뒤에 이어질 때 발음도 복잡하지만 'ㅎ'이 들어가는 받침 'ㅎ, ㄶ, ㅀ'의 발음도 복잡하다. 「표준 발음법」에서 받침 'ㅎ'의 발음에 관해 아래와 같이 상세하게 규정하였다.(「발」제12항)

① 'ㅎ, ㄶ, ㅀ' 뒤에 'ㄱ, ㄷ, ㅈ'이 오면 'ㅎ'과 'ㄱ, ㄷ, ㅈ'을 합쳐서 각각 [ㅋ], [ㅌ], [ㅊ]로 발음한다. ❽

  놓고(놓-+-고)[노코]   좋던(좋-+-던)[조턴]   쌓지(쌓-+-지)[싸치]
  많고(많-+-고)[만코]   않던(않-+-던)[안턴]   닳지(닳-+-지)[달치]

② 'ㅎ, ㄶ, ㅀ' 뒤에 'ㅅ'이 오면 'ㅎ'과 'ㅅ'을 합쳐서 [ㅆ]로 발음한다.

  닿소(닿-+-소)[다쏘]   많소(많-+-소)[만쏘]   싫소(싫-+-소)[실쏘]

③ 뒤에 'ㄴ'이 오면 다음과 같이 발음한다.

  ㉮ 'ㅎ' 뒤에 'ㄴ'이 오면 [ㄴㄴ]로 발음한다.

    놓는(놓-+-는)[논는]   쌓네(쌓-+-네)[싼네]

뒤에 'ㄴ'이 왔는데 앞말 받침에 있는 'ㅎ'이 [ㄴ]로 발음이 되는 것은 받침 'ㅎ'이 [ㄷ]로 바뀌어 발음되었다고 보면 설명이 된다. 'ㅎ'이 [ㄷ]로 발음이 바뀌고 뒤에 [ㄴ]가 오면서 위에서 설명했듯이 비음화하면 최종적으로 [ㄴㄴ]로 발음한다.

  ㉯ 'ㄶ' 뒤에 'ㄴ'이 오면 'ㅎ'은 발음하지 않는다.

    않는(않-+-는)[안는]   않네(않-+-네)[안네]

㉤ 'ㄶ' 뒤에 'ㄴ'이 오면 'ㅎ'은 발음하지 않고 'ㄴ'은 [ㄹ]로 발음한다.

뚫는(뚫-+-는)[뚤는→뚤른]　뚫네(뚫-+-네)[뚤네→뚤레]

'ㄶ'과 'ㄶ'의 예를 보면 'ㅎ'이 들어간 겹받침 뒤에 'ㄴ'이 오면 'ㅎ'을 발음하지 않음을 알 수 있다. 'ㄶ'의 경우는 'ㅎ'을 발음하지 않고 'ㄹ'만 발음을 하는데 'ㄹ'과 'ㄴ'이 만나 [ㄹㄹ]로 발음된다. 위에서 설명했듯이 유음화가 일어나서 'ㄴ'이 [ㄹ]로 발음이 바뀌었다.

④ **뒤에 모음이 오면 'ㅎ'을 발음하지 않는다.**

낳은(낳-+-은)[나은]　놓아(놓-+-아)[노아]　쌓이다[싸이다]

많아(많-+-아)[마나]　않은(않-+-은)[아는]　닳아(닳-+-아)[다라]

싫어도(싫-+-어도)[시러도]

'ㅎ'이 자음임에도 불구하고 한국어 모어 화자들은 뒤에 모음이 오면 'ㅎ'을 발음하지 않는다. 위에서 설명했듯이 일반적으로 받침의 표기는 모음 앞에서의 발음을 기준으로 하는데 'ㅎ' 받침은 이 기준을 따르지 않은 것이다.

　　모음 앞에서뿐만 아니라 자음 앞에서도 'ㅎ'은 발음이 되지 않는다. 뒤에 이어지는 자음에 영향을 주어 그 자음이 소리가 바뀔 뿐이다. 모음 앞에서는 발음되지 않지만 뒤에 이어지는 자음이 발음이 바뀌는 현상은 받침에 'ㅎ'이 있다고 봐야 가능한 현상들이다. 그래서 실제로 'ㅎ'이 그대로 소리가 나는 일은 없지만 받침에 'ㅎ'을 적도록 한 것이다.

도움말

①

'넋이, 값을, 없이'가 [넉시], [갑슬], [업시]가 아니라 [넉씨], [갑쓸], [업씨]로 발음이 되는 것은 받침 [ㄱ], [ㄷ], [ㅂ] 뒤에 오는 'ㄱ, ㄷ, ㅂ, ㅅ, ㅈ'는 된소리로 발음되는 한국어의 특성 때문이다. 뒤에서(주제 4, 56쪽) 자세히 다룬다.

②

[ㄴ], [ㅁ]로 발음이 끝나는 용언 뒤에서는 어미가 된소리로 발음된다. 그래서 '안다'와 '앉다'를 [안따]로 발음하고 '젊다'를 [점따]로 발음한다. 뒤에서(주제 4, 57쪽) 자세히 다룬다.

③

'ㄼ, ㄾ'으로 끝나는 용언 뒤에서는 어미가 된소리로 발음된다. 그래서 '넓다'와 '핥다'를 각각 [널따], [할따]로 발음한다. 뒤에서(주제 4, 58쪽) 자세히 다룬다.

④

[ㄷ] → [ㄴ]의 모습을 보이는 것에는 'ㅎ' 받침으로 끝나는 용언들도 포함된다. 이것들도 [ㄴ] 앞에서 'ㅎ'을 [ㄴ]로 발음한다. 예를 들어 '놓는(놓-+-는)'은 [논는]으로 발음한다. 'ㅎ' 받침이 자음 앞에서 [ㄷ]로 발음되고 뒤에 오는 [ㄴ] 때문에 [ㄴ]로 발음이 바뀐 것으로 본다.

⑤

용언 중에는 받침 'ㄹ'로 끝나는 것이 많다. 그리고 어미 중에는 'ㄴ'으로 시작하는 것들이 많다. 'ㄹ'로 끝나는 용언 뒤에 'ㄴ'으로 시작하는 어미가 연결되면 용언의 받침 'ㄹ'이 줄어든다. 'ㄹ'과 'ㄴ'이 만나지 않는 것이다. 그래서 '닳는, 뚫는, 핥는'과 같은 예는 있어도 용언 어간 'ㄹ' 받침 뒤에 이어지는 'ㄴ'의 예는 없다. 뒤에서(주제 11, 99쪽) 자세히 다룬다.

❻

받침에 오는 소리 7개 중에서 [ㄷ] 받침 뒤에 [ㄹ]가 이어지는 경우에 대한 설명이 빠졌다. 한자어나 고유어에서 'ㄷ' 또는 더 나아가 [ㄷ]로 발음되는 'ㅅ, ㅈ, ㅊ, ㅌ' 등은 [ㄹ]과 만나는 예가 없다. 그래서 「표준 발음법」에서 따로 다루지 않았다. 만약 [ㄷ]가 받침에 온다면 같은 계통의 소리인 [ㄱ], [ㅂ]와 같은 방식으로 발음해야 할 것이다. 즉, 뒤에 이어지는 [ㄹ]는 [ㄴ]로 바꾸고 비음화로 받침의 [ㄷ]는 [ㄴ]로 바꿔, 즉 [ㄴㄴ]로 발음해야 할 것이다. 외래어에서는 받침 [ㄷ] 뒤에 [ㄹ]가 이어지는 말들이 있다. 예를 들어 '핫라인[3], 아웃렛[4]'이라는 단어가 있다. 그런데 「외래어 발음 실태 조사」에 따르면 이 두 단어는 [ㄴㄴ]가 아니라 [ㄹㄹ]로 많이 발음되고 있다고 한다. 심지어 '아웃렛'은 '아울렛'이라고 흔히 적기도 한다. 외래어 발음이기 때문에 규범적인 발음이 어떤 것인지 정해지지 않았다.

❼

'숱하다', '앞항'은 받침에 'ㅌ', 'ㅍ'이 있기 때문에 그 소리를 그대로 [ㅎ]과 합쳐서 [ㅌ], [ㅍ]로 발음한 것으로 볼 수도 있다. 그런데 같은 거센소리인 '꽃향기'가 [꼬챵기]가 아니라 [꼬턍기]로 발음이 된다. 대표가 되는 음으로 먼저 바뀌고 [ㅎ]과 합쳐진 것이다. 이로 보면 '숱하다', '앞항'도 먼저 [ㄷ], [ㅂ]로 바뀐 후에 뒤에 오는 [ㅎ]과 합쳐져서 [ㅌ], [ㅍ]로 발음된 것이라고 할 수 있다.

❽

'ㅎ, ㄶ, ㅀ'은 용언에서만 받침으로 사용되는데 'ㅂ'으로 시작하는 어미와 만날 일이 없어 'ㅂ'과 합쳐서 [ㅍ]로 발음하는 예는 없다.

---

3 핫라인(hotline): 큰일이 생겼을 때 긴급하게 직접 통화할 수 있는 전화.
4 아웃렛(outlet): 제조한 업체가 직접 운영하는 할인 매장.

3. 한글 자모의 순서와 이름

한글 자모의 수는 24자로 하고, 그 순서와 이름은 다음과 같이 정한다.(【맞】제4항)

- 자음(14자)

  ㄱ(기역) ㄴ(니은) ㄷ(디귿) ㄹ(리을) ㅁ(미음) ㅂ(비읍) ㅅ(시옷)
  ㅇ(이응) ㅈ(지읒) ㅊ(치읓) ㅋ(키읔) ㅌ(티읕) ㅍ(피읖) ㅎ(히읗)

- 모음(10자)

  ㅏ(아) ㅑ(야) ㅓ(어) ㅕ(여) ㅗ(오) ㅛ(요) ㅜ(우) ㅠ(유) ㅡ(으) ㅣ(이)

한글을 적을 때 기본이 되는 한글 자모 24자의 순서와 이름이다. 모음의 자모는 앞에 소리가 나지 않는 'ㅇ'이 덧붙은 글자로 적도록 정했기 때문에 이름을 기억하는 데 어려움이 없다.

자음의 이름은 두 글자로 정하였다. 첫 번째 글자에서는 그 자음 자모에 모음 'ㅣ'를 결합하고 두 번째 글자에서는 '으' 밑에 받침으로 그 자음 자모를 결합한다. 아래의 그림에서 ▨로 표시된 부분이다.

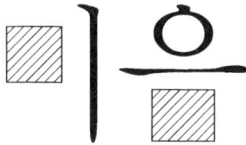

ㄴ의 이름이 '니은'이고 'ㄹ'의 이름이 '리을'인 것은 이 방식을 적용한 것이다. 이 방식에 따라 자모 이름을 지었기 때문에 한글 자모의 이름에서는 다른 데서는 보기 어려운 글자들이 사용되기도 한다. '읒(지읒), 읓(치읓), 읔(키읔), 읕(티읕), 읖(피읖), 읗(히읗)'이 그것이다. 자모 이름에서만 볼 수 있는 글자들이다. 『표준국어대사전』에서 이들 글자를 검색해 보면 모두 자모 이름에서만 사용되는 것으로 검색된다.

이처럼 자음 이름을 짓는 방식에 3개의 예외가 있다. 'ㄱ(기역), ㄷ(디귿), ㅅ(시옷)'이다. '기윽, 디읃, 시읏'이라고 하지 않는다. 옛날에는 한국어라도 한자로 적는 일이 많았다. 한글 자모의 이름도 한자로 적었는데 한글 이름과 같은 소리가 나는 한자로 적었다. 그리고 ㄱ부터 ㅇ까지 8개만 두 글자로 적었다. 이 8개 중에서 ㄱ에 필요한 '윽', ㄷ에 필요한 '읃', ㅅ에 필요한 '읏'으로 발음되는 한자가 없었다. 할 수 없이 비슷한 소리가 나는 한자로 대신 적었다. 그 한자들을 소리가 나는 대로 읽으면 '기역, 디귿, 시옷' 이 된다. 비슷한 소리인 '기역, 디귿, 시옷'으로 적고 읽던 방식이 굳어져서 맞춤법을 정할 때 이 3개의 자음의 이름을 예외로 인정하여 이 3개만 이름이 다르게 정해졌다. 3개의 자음만 이름이 다르고, 또 그 세 자음과 모양이 비슷한 'ㅋ, ㅌ'까지 있어서 한국어 모어 화자들조차 자음 자모의 이름을 제대로 읽거나 쓰지 못하는 일이 흔하다.

'ㄲ, ㄸ, ㅃ, ㅆ, ㅉ'은 각 자음 자모의 이름에 '쌍'을 붙여 '쌍기역, 쌍디귿, 쌍비읍, 쌍시옷, 쌍지읒'으로 읽는다.(【맞】제4항 붙임1)

1933년에 처음 맞춤법을 정하면서 한글 자모의 이름이 이렇게 정해졌다. 위에서 밝힌 방식대로 이름을 정하였기 때문에 다른 데서는 보기 힘든 글자들이 자모 이름에 쓰였다. 또한 자음의 받침은 뒤에 모음이 올 때 읽는 방법이 독특하다. '디귿, 지읒, 치읓, 티읕, 히읗'은 '디긋, 지읏, 치읏, 티읏, 히읏'으로, '키읔'은 '키윽'으로, '피읖'은 '피읍'으로 적은 것처럼 읽는다.(【발】제16항)

디귿이[디그시]   디귿을[디그슬]   디귿에[디그세]
지읒이[지으시]   지읒을[지으슬]   지읒에[지으세]
치읓이[치으시]   치읓을[치으슬]   치읓에[치으세]
티읕이[티으시]   티읕을[티으슬]   티읕에[티으세]
히읗이[히으시]   히읗을[히으슬]   히읗에[히으세]

앞에서(주제 2) 설명했듯이 받침 'ㄷ, ㅈ, ㅊ, ㅌ'은 뒤에 모음이 올 때 뒤에 이어지는 모음과 합쳐 발음하는 것이 원칙이다. 그런데 이들 자음 이름에서만 그렇게 발음하지 않는다. 마치 뒤에 자음이 왔을 때처럼 대표가 되는 음으로 발음하는 것처럼 보인다. 그런데 대표가 되는 음이 다르다. 받침의 자리에 올 때 이들 자모의 대표가 되는 음은 [ㄷ]이나 여기서는 [시]이다. 그래서 [디그시], [디그슬], [디그세]처럼 발음한다. 한국어 표기와 발음의 일반적인 모양을 따르지 않고 있다.

키읔이[키으기]   키읔을[키으글]   키읔에[키으게]
피읖이[피으비]   피읖을[피으블]   피읖에[피으베]

'ㅋ, ㅍ'의 발음도 역시 뒤에 이어지는 모음과 합쳐 발음이 되지 않는다. 여기서야말로 대표가 되는 음으로 발음이 되었다. 즉 '키읔'이 [키윽]으로, '피읖'이 [피읍]으로 발음이 되면서 뒤의 모음과 이어진 것이다. 이것도 또한 예외적인 발음이다.

자음의 이름을 일정한 방식으로 짓고자 하였기 때문에 자음 이름의 표기를 정하면서 발음을 따르지 않았고 오히려 발음에 예외를 두었다. 그래서 자음 이름에서만 받침이 모음과 이어질 때 독특하게 읽게 되었다.

이들 외의 다른 자음의 이름은 표기 그대로 읽으면 된다.

기역이[기여기]   기역을[기여글]   기역에[기여게]
니은이[니으니]   니은을[니으늘]   니은에[니으네]

단독으로 쓰이거나 뒤에 자음이 이어질 때는 14개 자음 자모 모두 대표가 되는 음으로 발음하면 된다.

디귿[디귿]   시옷[시옫]   지읒[지읃]   키읔[키윽]   피읖[피읍]
기역도[기역또] 니은도[니은도] 시옷도[시옫또] 지읒도[지읃또] 치읓도[치읃또]
키읔도[키윽또] 티읕도[티읕또] 피읖도[피읍또] 히읗도[히읃또]

4. 된소리를 표기에 반영하지 않는 경우

> 된소리가 나는 뚜렷한 이유가 있으면 된소리로 적지 않는다.
>
> (1) 국수[국쑤]　　　　숟가락[숟까락]　　　갑자기[갑짜기]
> (2) 신고(신-+-고)[신꼬]　삼고(삼-+-고)[삼꼬]　더듬지(더듬-+-지)[더듬찌]
> (3) 넓게(넓-+-게)[널께]　핥다[할따]　　　　떫지(떫-+-지)[떨찌]
> (4) 갈등(葛藤)[갈뜽]　　말살(抹殺)[말쌀]　　갈증(渴症)[갈쯩]
> (5) 할걸(하-+-ㄹ걸)[할껄]　할게(하-+-ㄹ게)[할께]　할수록(하-+-ㄹ수록)[할쑤록]
> (6) 문고리(문+고리)[문꼬리]　눈동자(눈+동자)[눈똥자]　신바람(신+바람)[신빠람]

「한글 맞춤법」에서는 "한 단어 안에서 뚜렷한 까닭 없이 나는 된소리는 다음 음절의 첫소리를 된소리로 적는다."라고 하였다.([맞]제5항) 그리고 아래 두 가지 경우에 된소리로 적는다고 밝혔다.

① 두 모음 사이에서 나는 된소리

　어깨　오빠　아끼다　기쁘다　가끔　거꾸로　어찌나

② 'ㄴ, ㄹ, ㅁ, ㅇ' 받침 뒤에서 나는 된소리

　잔뜩　살짝　훨씬　듬뿍　몽땅　엉뚱하다

한국어에서 두 모음 사이나 'ㄴ, ㄹ, ㅁ, ㅇ' 받침 뒤에서는 원칙적으로 된소리가 날 뚜렷한 까닭이 없다. 뚜렷한 까닭이 없는데 된소리로 발음한다면 된소리로 적어 주어야 한다는 것이다. 이를 바꾸어 말하면 뚜렷한 까닭이 있다면 된소리로 적지 않는다는 뜻이 된다.

된소리는 한국어에 5개의 소리가 있다. 'ㄲ, ㄸ, ㅃ, ㅆ, ㅉ'으로 적는 소리이다. 한국의 어문 규정에서는 된소리 표기를 잘 인정하지 않는다.「한글 맞춤법」뿐만 아니라「외래어 표기법」에서도 된소리 표기를 피한다.

한국어 모어 화자들이 된소리로 발음을 많이 하지만 규범적인 발음으로 인정되지 않고 규범적인 표기로도 인정되지 않는 단어들도 있다.

　깡술 → 강술　쑥맥 → 숙맥　짜르다 → 자르다　쩔다 → 절다

→ 뒤에 제시된 단어로 읽고 적어야 한다. 예를 들어 '깡술'이라고 읽거나 적어서는 안 되고 '강술'이라고 적고 [강술]로 읽어야 한다.

된소리 발음은 규범적인 발음으로 인정하지만 표기는 'ㄲ, ㄸ, ㅃ, ㅆ, ㅉ'가 아닌 'ㄱ, ㄷ, ㅂ, ㅅ, ㅈ'로, 즉 예사소리로 표기해야 하는 경우도 여

럿 있다. 된소리를 인정하게 되면 실제로 사용해야 하는 글자의 수도 늘어나고 같은 뜻을 가진 말은 같은 글자로 표기한다는 맞춤법의 기준과도 어긋나는 면이 있기 때문이다.

된소리 발음은 인정하지만 표기에서는 인정하지 않는 경우는 「표준 발음법」에서 자세히 밝히고 있다. 위에 제시한 규정에서 (1), (2), (3)……으로 각각 구분한 것들이다.

(1) **받침에서 '[ㄱ](ㄱ, ㄲ, ㅋ, ㄳ, ㄺ), [ㄷ](ㄷ, ㅅ, ㅆ, ㅈ, ㅊ, ㅌ), [ㅂ](ㅂ, ㅍ, ㄼ, ㄿ, ㅄ)' 로 발음되는 말 뒤에 연결될 때(【발】제23항)**

국수[국쑤] 깎다[깍따] 부엌도(부엌+도)[부억또] 넋두리[넉뚜리] 닭고기[닥꼬기]
맑다[막따] 숟가락[숟까락] 옷장[옫짱] 있던(있-+-던)[읻떤]
꽂고(꽂-+-고)[꼳꼬] 꽃다발[꼳따발] 낯설다[낟썰다] 밑줄[믿쭐] 같다[갇따]
갑자기[갑짜기] 옆집[엽찝] 깁다[깁따] 밟지(밟-+-지)[밥찌] 읊다[읍따]
값지다[갑찌다]

앞에서(주제 2, 34쪽) 받침의 위치에서는 한국어에서 7개의 자음만 발음한다고 하였다. 그런데 위에서 보았듯이 이 중에서 'ㄴ, ㄹ, ㅁ, ㅇ' 받침 뒤에서 나는 된소리만 된소리로 적는다. 이 4개만 포함된 것은 나머지 3개인 파열음 [ㄱ], [ㄷ], [ㅂ] 뒤에서는 된소리 발음이 남에도 불구하고 된소리 표기를 하지 않기 때문이다. [ㄱ], [ㄷ], [ㅂ]로 소리가 나는 받침 뒤에 오는 'ㄱ, ㄷ, ㅂ, ㅅ, ㅈ'는 자연스러운 한국어 발음에서는 예외가 없이 된소리로 발음한다. 그래서 파열음 뒤에서 된소리가 가능한 소리는 무조건 된소리로 발음된다는 것은 충분히 예측할 수 있다. 된소리로 나는 뚜렷한 이유가 있는 것이다.

파열음 뒤에서 'ㄲ, ㄸ, ㅃ, ㅆ, ㅉ'로 적어야 할 때가 전혀 없는 것은 아니다. 같은 음절이나 비슷한 음절이 겹쳐 날 때는 같은 글자로 적도록 하였다.(『맞』제13항)

딱딱 쌕쌕 씩씩 꼿꼿하다 씁쓸하다 똑딱똑딱 짭짤하다

'씁쓸하다'를 예로 들면 '쓸'의 경우는 앞 글자인 '씁'의 받침으로 [ㅂ]이 있기 때문에 당연히 된소리로 발음한다. 그런데 '씁'과 '쓸'이 비슷한 음절로 겹쳐 나기 때문에 '씁슬하다'가 아닌 '씁쓸하다'로 적도록 한 것이다. 다른 예들도 마찬가지이다. 받침이 [ㄱ], [ㄷ], [ㅂ]이므로 당연히 그 뒤에 이어지는 첫소리가 된소리로 발음된다. 그런데 앞 음절과 같거나('딱딱, 쌕쌕, 씩씩, 꼿꼿하다') 비슷한('씁쓸하다, 똑딱똑딱, 짭짤하다') 음절이기 때문에 된소리로 표기한다.

(2) **용언 어간에서 '[ㄴ](ㄴ, ㄵ), [ㅁ](ㅁ, ㄻ)' 뒤에 연결되는 어미일 때(『발』제24항)**

신고(신-+-고)[신꼬] 앉다[안따] 얹다[언따]
삼고(삼-+-고)[삼꼬] 더듬지(더듬-+-지)[더듬찌] 닮고(닮-+-고)[담꼬]
젊습디다(젊-+-습디다)[점씁띠다]

용언, 즉 동사나 형용사의 어간의 마지막 음절이 [ㄴ], [ㅁ]로 소리가 나는 받침이 있을 때 한국어 모어 화자들은 그 뒤에 연결되는 어미는 된소리로 발음한다. [ㄴ], [ㅁ]로 끝나는 용언 어간이라는 점이 된소리로 나는

뚜렷한 이유가 되는 것이다.

[ㄴ], [ㅁ] 뒤에 명사형 어미인 '-기'가 연결될 때도 당연히 된소리로 발음한다.

    신발 신기(신-+-기)[신끼]   가슴에 안기(안-+-기)[안끼]
    집에 남기(남-+-기)[남끼]   밥을 굶기(굶-+-기)[굼끼]

그런데 똑같은 [기]이지만 어미가 아닌 피사동의 접미사 '-기-'는 된소리로 발음하지 않는다.(【발】제24항 다만)

    신기다[신기다]   안기다[안기다]   남기다[남기다]   굶기다[굼기다]

용언과 달리 체언, 즉 명사 등에서는 같은 조건에서 뒤에 이어지는 조사가 된소리로 발음되지 않는다.

    신도(신+도)[신도]   신과(신+과)[신과]
    바람도(바람+도)[바람도]   바람과(바람+과)[바람과]
    삶도(삶+도)[삼도]   삶과(삶+과)[삼과]

(3) **용언 어간에서 'ㄼ, ㄾ' 뒤에 연결되는 어미일 때(【발】제25항)**
    넓게(넓-+-게)[널께]   떫지(떫-+-지)[떨찌]
    핥다[할따]   훑소(훑-+-소)[훌쏘]

'ㄼ, ㄾ'은 표기를 기준으로 하면 'ㅂ, ㅌ'이 포함되어 있지만 앞에서(주제

2, 36쪽) 보았듯이 자음 앞에서 [ㄹ]로 발음한다. 그렇지만 예에서 보듯이 뒤에 오는 어미는 된소리로 발음한다. 어간의 받침이 'ㄼ, ㄾ'으로 끝나는 용언 어간이라는 점이 된소리로 나는 뚜렷한 이유가 되는 것이다.

[ㄹ]로 발음이 되는 용언 어간이라도 표기를 기준으로 해도 'ㄹ'인 경우에는 어미를 된소리로 발음하지 않는다.

날게(날-+-게)[날게] 날다[날다] 날지(날-+-지)[날지]

용언 어간으로 한정한 것은 (2)의 경우처럼 여기서도 같은 받침을 가지는 체언에서는 뒤에 이어지는 조사가 된소리로 발음되지 않기 때문이다.

여덟과(여덟+과)[여덜과] 여덟도(여덟+도)[여덜도]
여덟보다(여덟+보다)[여덜보다]

(4) **한자어에서 받침 'ㄹ' 뒤에 'ㄷ, ㅅ, ㅈ'이 올 때([발]제26항)**
갈등(葛藤)[갈뜽]   발동(發動)[발똥]   절도(竊盜)[절또]   말살(抹殺)[말쌀]
일시(日時)[일씨]   갈증(渴症)[갈쯩]   물질(物質)[물찔]   몰상식(沒常識)[몰쌍식]
불성실(不誠實)[불썽실]

한자로 적을 수 있는 말인 한자어의 경우에는 [ㄹ]로 소리가 나는 받침 뒤에 'ㄷ, ㅅ, ㅈ'이 올 때 된소리로 발음한다. 'ㄱ, ㅂ'은 된소리로 발음하지 않는다. ❶

결과(結果)   출구(出口)   필기(筆記)   일부(一部)   출발(出發)

(4)의 조건은 한자어로 제한되는 다소 특수한 경우이다. 같은 조건이 고유어에는 적용되지 않는다.

같은 한자가 겹쳐진 단어의 경우에는 'ㄹ' 뒤라도 된소리로 발음하지 않는다.(〔발〕제26항 다만) 그래서 '구구절절(句句節節)'의 '절절'처럼 같은 한자를 겹쳐 반복할 때는 [구구절쩔]로 발음하지 않는다. [구구절절]로 발음해야 한다.

드물지만 'ㄹ' 뒤에 'ㄷ, ㅅ, ㅈ'이 왔는데도 된소리로 발음이 되지 않는 예도 있다.

수술실(手術室)[수술실]   몰지각(沒知覺)[몰지각]

한자어에서 받침 'ㄹ' 뒤에 'ㄷ, ㅅ, ㅈ'이 올 때 된소리로 발음이 될 가능성이 많지만 안 그런 예도 있는 것이다.

이처럼 예외가 있기는 하지만 한자어 받침 'ㄹ' 뒤에서 나는 된소리는 표기에 반영하지 않는다. 한자의 경우에는 각 글자마다 고유한 뜻과 음이 있다. 그러므로 같은 한자를 같은 한글로 적는 것이 바람직하다. 된소리 발음을 반영하여 한글로 표기하면 한글만으로는 다른 글자로 오해할 수도 있다. 즉, 같은 한자는 같은 글자로 적으려고 된소리 발음을 반영하지 않은 것이라 할 수 있다. 어쨌든 'ㄹ' 받침으로 끝나는 한자어 뒤라는 점이 된소리로 나는 뚜렷한 이유가 된다.

(5) 관형사형 어미 '-ㄹ/-을'이나 '-ㄹ/-을'로 시작되는 어미 뒤에 올 때(【발】제27항)

- 관형사형 어미 '-ㄹ/-을'

  할 **것**을(하-+-ㄹ 것+을)[할꺼슬]   갈 **데**가(가-+-ㄹ 데+가)[갈떼가]

  할 **바**를(하-+-ㄹ 바+를)[할빠를]   갈(가-+-ㄹ) **곳**[갈꼳]

  할(하-+-ㄹ) **도리**[할또리]   먹을(먹-+-을) **밥**[머글빱]

  먹을 **수**는 (먹-+-을 수+는)[머글쑤는]   잡을 **적**에(잡-+-을 적+에)[자블쩌게]

- '-ㄹ/-을'로 시작되는 어미

  할**걸**(하-+-ㄹ걸)[할껄]   할**게**(하-+-ㄹ게)[할께]

  먹을**수록**(먹-+-을수록)[머글쑤록]   먹을**지라도**(먹-+-을지라도)[머글찌라도]

한국어에서 관형사형 어미로는 '-ㄹ/-을' 등 'ㄹ' 받침을 가진 어미와 '-ㄴ/-은' 등 'ㄴ' 받침을 가진 어미가 있다. 이 중에서 '-ㄹ/-을' 어미 뒤에 오는 말은 된소리로 발음한다. '-ㄹ/-을'이 관형사형 어미이기 때문에 그 뒤에 오는 말은 띄어쓰기를 함에도 불구하고 자연스럽게 발음할 때는 된소리로 발음한다. 예를 들어 위의 예에서 '할 것을'을 [할꺼슬]로 발음하는 것은 앞의 '-ㄹ'의 영향으로 '것'이 된소리로 바뀌어 발음되기 때문이다. ❷

한국어 어미 중에는 '-ㄹ/-을'로 시작하는 어미가 많은데 이때도 역시 뒤에 오는 자음이 된소리로 발음된다. '-ㄹ거나/-을거나, -ㄹ걸/-을걸, -ㄹ게/-을게, -ㄹ밖에/-을밖에, -ㄹ세라/-을세라, -ㄹ수록/-을수록, -ㄹ지/-을지, -ㄹ지라도/-을지라도, -ㄹ지언정/-을지언정' 등이 그렇다. [꺼나], [껄], [께], [빠께], [쎄라], [쑤록], [찌], [찌라도], [찌언정] 등 된소리로 발음한다. '-ㄹ/-을'인 어미 뒤라는 점이 된소리로 나는 뚜렷한 이유가 된다. 그래서 이들 어미에서 된소리 발음은 규범적인 것으로 인정하지만 적을 때는 예사소리로 적는다.(『맞』제53항)

어디로 갈거나?
내가 먼저 갈걸.
기다리고 있어, 내가 갈게.

예로 든 '갈거나, 갈걸, 갈게'는 [갈꺼나], [갈껄], [갈께]로 발음해야 하지만 적기는 '갈거나, 갈걸, 갈게'처럼 예사소리로 적어야 한다. 그런데 위의 (1) ~ (4)의 경우와 달리 이때는 한국어 모어 화자들이 흔히 된소리로, 즉 '갈꺼나, 갈껄, 갈께'로 적을 때가 많다. 한국어 모어 화자들이 흔히 규범에 맞지 않게 쓰는 표기 중의 하나이다.

다만 의문을 나타내는 어미인 '-ㄹ까/-을까, -ㄹ꼬/-을꼬'는 적을 때도 된소리로 적는다.(『맞』제53항 다만) 『한글 맞춤법 해설』에 따르면 1988년에 맞춤법을 개정하기 전부터 의문을 나타내는 어미를 된소리로 이미 많이 적어 그것을 인정한 것이다.

이제 집에 갈까?
이 일을 어찌 할꼬?

(6) 사이시옷을 표기하지 않지만 사이시옷이 있어야 할 합성어의 뒤에 올 때 (『발』제28항)

문고리(문+고리)[문꼬리] 눈동자(눈+동자)[눈똥자] 신바람(신+바람)[신빠람]

산새(산+새)[산쌔]　술잔(술+잔)[술짠]　바람결(바람+결)[바람껼]
그믐달(그믐+달)[그믐딸]　아침밥(아침+밥)[아침빱]　잠자리(잠+자리)[잠짜리]
강가(강+가)[강까]　초승달(초승+달)[초승딸]　등불(등+불)[등뿔]
창살(창+살)[창쌀]　강줄기(강+줄기)[강쭐기]

위의 예들은 '+' 앞에 있는 말이 모두 받침 'ㄴ, ㄹ, ㅁ, ㅇ'으로 끝나는데 뒷말을 된소리로 발음한다. 위에서 'ㄴ, ㄹ, ㅁ, ㅇ' 뒤에서 뚜렷한 까닭 없이 나는 된소리는 된소리로 적는다고 했는데 이들 예들이 같은 조건을 가졌는데도 된소리로 표기하지 않는다. 표기에서 나타나지 않지만 사이시옷(ㅅ)이 있어 된소리로 발음한다고 보는 것이다. 사이시옷이 있다는 점이 된소리로 나는 뚜렷한 이유가 된다.

한국어에서 사이시옷은 받침의 위치에 올 때 [ㄷ]로 소리가 난다. 즉 파열음으로 소리가 나기 때문에 결과적으로 위 (1)의 조건을 충족하여 뒷말을 된소리로 발음한다.

사이시옷이 언제 사용되는지 명확하지 않기 때문에 어떤 말에서 된소리가 되는지 알기 어렵다. 그래서 뒤에서(주제 14) 자세히 다루겠지만 사이시옷은 표기에 반영하여 뒷말이 된소리로 됨을 알 수 있도록 하였다. 다만, 사이시옷이 있는 말 중에 앞말이 모음으로 끝난 경우에만 사이시옷을 표기에 반영한다. 위에 제시한 예들은 모두 앞말에 받침이 있는 말들이다. 모음으로 끝나지 않았기 때문에 사이시옷을 표기에 반영하지 않는다. 다만, 발음만 된소리로 한다.

도움말

❶

한자어이면서 'ㄹ' 받침 뒤에서 'ㄱ, ㅂ'이 된소리로 발음되는 것처럼 보이는 예들도 있다.

월권(越權)[월꿘]　율법(律法)[율뻡]

이들은 'ㄹ' 받침의 영향으로 뒤에 오는 'ㄱ, ㅂ'이 된소리가 된 것으로 보지 않는다. 다른 말에 이어질 때 '권(權)', '법(法)'이라는 한자어는 된소리로 발음되는 경우가 많다는 것과 관련된 현상으로 해석한다.

권(權): 기권(棄權)[기꿘]　인권(人權)[인꿘]　단결권(團結權)[단결꿘]
법(法): 화법(話法)[화뻡]　헌법(憲法)[헌뻡]　사용법(使用法)[사용뻡]

❷

관형사형 어미를 '-ㄹ/-을', '-ㄴ/-은'으로 제시한 것은 '-ㄹ'과 '-을', '-ㄴ'과 '-은'이 같은 뜻의 어미이기 때문이다. 앞말의 성격에 따라 둘 중 하나가 선택된다. 즉 'ㄹ' 받침을 제외하고 받침이 있는 앞말이 오면 '-을', '-은'이 선택되고 'ㄹ' 받침이나 모음으로 끝나는 앞말이 오면 '-ㄹ', '-ㄴ'이 선택된다. '-을', '-은'을 선택할 때 받침 중에서 'ㄹ' 받침만 제외된 이유는 'ㄹ' 받침은 줄어들어 결국 모음으로 끝나는 앞말이 오는 것처럼 되기 때문이다. '가다, 먹다, 날다'를 예로 들면 아래와 같다.

　　가-+-ㄹ→갈　　먹-+-을→먹을　　날-+-ㄹ→날
　　가-+-ㄴ→간　　먹-+-은→먹은　　날-+-ㄴ→난

5. 구개음화

> 'ㄷ, ㅌ' 받침 뒤에 종속적 관계를 가진 '이'나 '히'가 올 적에는, 그 'ㄷ, ㅌ'이 [ㅈ], [ㅊ]로 소리 나더라도 'ㄷ, ㅌ'으로 적는다.(【맞】제6항)
>
> 굳이(굳-+-이)[구지]   맏이(맏-+-이)[마지]   같이(같-+-이)[가치]
> 붙이다(붙-+-이-+-다)[부치다]   닫히다(닫-+-히-+-다)[다치다]
> 묻히다(묻-+-히-+-다)[무치다]

 구개음화는 구개음이 아닌 소리가 구개음으로 바뀌는 현상이다. 구개음은 입 안의 천장 부분에 해당하는 구개에서 소리가 나는 것으로 한국어에는 [ㅈ], [ㅉ], [ㅊ]가 대표적인 구개음이다. 구개음화 현상은 여러 가지가 있지만 대표적인 것은 ㄷ구개음화이다. [ㄷ], [ㄸ], [ㅌ]가 'ㅣ, ㅑ, ㅕ, ㅛ, ㅠ' 등과 만나면 [ㅈ], [ㅉ], [ㅊ]로 바뀌는 현상이다. 여기에 제시된 규정이 ㄷ구개음화와 관련이 된다. 'ㄷ, ㅌ' 받침 뒤에 '-이(-)'가 오면 [디], [티]로 발음되어야 하는데 구개음화 현상 때문에 [지], [치]로 바뀌어 발음된다.

또한 이미 앞에서(주제 2, 44쪽) 보았듯이 'ㄷ' 받침 뒤에 '-히-'가 오면 'ㄷ' 받침과 ㅎ이 결합하여 [ㅌ]가 되므로 [ㅌ]로 발음되어야 하는데 역시 구개음화 현상 때문에 [치]로 발음된다. ❶

발음은 [지], [치]로 나지만 표기는 받침과 뒤에 이어지는 모음을 구분하여 표기한다. 어법에 맞도록 하기 위함이다. 예시로 제시된 것들은 '굳다'(굳이), '맏-'(맏이), '같다'(같이), '붙다'(붙이다), '닫다'(닫히다), '묻다'(묻히다) 등의 단어와 관련이 있는 것들이다. 관련되는 단어들의 형태를 보이기 위하여 소리 나는 대로 적지 않는 것이다. 그렇지만 예시에서 [ ] 안에 제시했듯이 구개음화된 발음이 규범적인 것으로 인정된다. 즉, 받침 'ㄷ, ㅌ'이 조사나 접미사의 모음 '이' 또는 '히'와 합쳐서 [디], [티]가 되는 경우에는 [지], [치]로 바꾸어서 뒤 음절 첫소리로 옮겨 발음한다.(《발》제17항)

'종속적 관계'라 함은 '이'나 '히' 중에서도 조사나 접미사처럼 다른 말에 붙어서 사용되는 단위들을 뜻한다. 위의 예시에 제시된 것들은 접미사가 붙은 것들이다. '이'로 시작하는 조사에서도 구개음화가 적용된 발음을 한다. 그렇지만 표기할 때는 역시 체언과 조사를 구분하여 적는다.

이 길의 **끝이**[끄치] 어디냐?
그는 나보다 한 살 **밑이다**[미치다].
겉이나[거치나] 속이나 다르지 않다.

뒤에 오는 말이 조사나 접미사가 아니면 [지], [치]로 발음하지 않는다.

곧이어(곧+이어)[고디어] 홑이불(홑+이불)[혼니불]

'곧이어', '홑이불'도 'ㄷ, ㅌ' 받침 뒤에 '이'가 온 말이다. '이어'는 부사이고 '이불'은 명사이므로 종속적 관계에 있는 말이 아니다. 그래서 이들에서는 구개음화가 일어나지 않는다. '곧'과 '이어'가 결합한 '곧이어'는 글자 그대로 [고디어]로 발음한다. 구개음화가 일어나 [고지어]로 발음이 바뀌지 않는다. '홑'과 '이불'이 합쳐진 '홑이불'은 먼저 뒤의 '이불'에 [ㄴ]가 첨가되어 [니불]이 된다. 앞의 '홑'은 대표가 되는 소리인 [혼]으로 되었다가 뒤에 [ㄴ]가 이어지면서 비음화로 [혼]으로 발음된다. 그래서 최종적으로 발음이 [혼니불]이 된다. [호치불]로 발음하지 않는다. 뒤에서(주제 25) 다룰 [ㄴ] 소리 첨가가 되었기 때문에 표기로 보이는 것과 달리 발음할 때는 'ㅌ'과 '이'가 이어지지도 않는다. ❷

도움말

❶
'ㄸ'은 받침에서 사용되지 않기 때문에 'ㄸ'와 '-이(-)'가 만나 [띠]를 발음해야 할 경우가 없다. 따라서 [띠]를 [찌]로 바꿔 발음해야 할 경우도 없다. 그래서 규정에서 'ㄷ, ㅌ'만 제시하였다.

❷
구개음화는 한국어에서 옛날에 일어났던 현상이다. 구개음화로 발음이 바뀌면서 '디, 댜, 뎌, 됴, 듀' 등으로 적던 표기가 '지, 자, 저, 조, 주'로 바뀌었다. 그래서 한국어에서는 외래어를 제외하면 '디, 댜, 뎌, 됴, 듀' 등의 표기는 흔치 않다.

드물지만 고유어에 '견디다, 드디어, 마디, 어디'처럼 '디'가 표기에 사용된 예들이 있기는 하다. 이 단어들은 구개음화가 일어나고 표기도 모두 바뀐 후에 다른 이유로 [디]로 발음이 변하면서 표기도 바뀌었다. 이 단어들이 발음이 [디]로 바뀐 때는 한국어에서 새로운 말에서는 구개음화가 일어나지 않게 된 때였다. 그래서 구개음화가 일어나지 않아 [견지다, 드지어, 마지, 어지]처럼 발음이 바뀌지 않았다. 그래서 당연히 '견지다, 드지어, 마지, 어지'처럼 적을 이유도 없다.

예시에 든 것처럼 어법에 맞도록 하기 위하여 표기를 발음과 다르게 한 것들에서만 구개음화를 적용하여 발음한다.

6. [ㄷ] 소리 받침

> [ㄷ] 소리로 나는 받침 중에서 'ㄷ'으로 적을 근거가 없는 것은 'ㅅ'으로 적는다.(【맞】제7항)
>
> **덧붙이다**[덛뿌치다]   **옛**[옏]   **첫**[첟]   **사뭇**[사묻]   **얼핏**[얼핃]

앞에서(주제 2, 36쪽) 받침에서 [ㄷ]로 소리가 나는 것은 'ㄷ, ㅅ, ㅆ, ㅈ, ㅊ, ㅌ' 등이라고 하였고 같은 [ㄷ]로 소리 나더라도 대체로 뒤에 오는 모음과 결합할 때 나는 소리를 기준으로 받침의 표기를 정한다고 하였다. 그런데 위에 제시된 예시에서 색으로 표시한 부분은 [ㄷ]로 소리가 나지만 모음과 결합하는 일이 아주 적거나 없어 모음과 결합할 때의 발음을 알기가 어렵다. 이런 경우라면 소리대로 'ㄷ'으로 적는 것이 맞다. 그렇지만 예전부터 'ㅅ'으로 적어 왔기 때문에 그것을 존중하여 발음과 다르게 'ㅅ'으로 적는다.

옛날에는 받침에서 'ㅅ'과 'ㄷ'이 발음으로도 구분이 되었다. 현대로 오면서 받침 'ㅅ'의 발음이 [ㄷ]로 바뀌었고 받침에서 'ㅅ'과 'ㄷ'의 발음이 구분이 되지 않게 되었다. 'ㅅ'과 'ㄷ'의 발음이 [ㄷ]가 되었지만 예전부터 오히려 'ㅅ'으로 흔히 적었다. 그래서 관습을 존중하여 'ㄷ'으로 적을 근거가 없는 [ㄷ] 발음은 'ㅅ'으로 표기하도록 정한 것이다. 사이시옷의 'ㅅ'도 발음으로는 [ㄷ]인데 마찬가지로 'ㅅ'으로 적는다.

『한글 맞춤법 해설』에 따르면 'ㄷ'으로 적을 근거가 있는 것은 다음의 두 가지 경우이다.

첫째, 원래 'ㄷ' 받침을 가지고 있는 것으로 분석되는 경우
곧장   걷잡다

'곧장'은 '곧다'와 관련이 있는 단어이다. '곧아(곧-+-아), 곧으니(곧-+-으니)'와 같은 예로 보면 모음 앞에서 받침 [ㄷ] 소리가 나는 것이 확인되기 때문에 '곧다'는 'ㄷ' 받침으로 적는다. 이처럼 'ㄷ' 받침으로 적는 '곧다'와 '곧장'이 관련이 있는 단어이므로 'ㄷ'으로 적을 근거가 있는 것이다. '걷잡다'는 '거두다'에서 '거두'가 '걷'으로 줄어들면서 만들어진 말로 해석한다. '두'에서 모음 'ㅜ'가 줄어들고 남은 'ㄷ'은 받침으로 적으면서 '걷'이 되었다고 본다. 이 또한 'ㄷ'으로 적을 근거가 있는 것이다.

둘째, 'ㄹ' 받침이 'ㄷ'으로 바뀐 경우
섣달(설+달)   숟가락(술+가락)   이튿날(이틀+날)   섣부르다(설-+부르다)

( ) 안에 제시한 것처럼 '설, 술, 이틀, 설-' 등 앞말 마지막 받침에 모

두 'ㄹ'이 있다. 『한글 맞춤법 해설』에서는 이 'ㄹ'이 뒷말과 이어지면서 'ㄷ'으로 바뀌어 '섣달, 숟가락, 이튿날, 섣부르다'로 바뀐 것으로 본다. 그리고 별도의 규정으로 받침이 [ㄹ]인 말과 딴 말이 어울릴 적에 [ㄷ] 소리로 나는 것은 'ㄷ'으로 적는다고 명시하였다.(「맞」제29항)

이 두 가지 경우를 제외하고 'ㅆ, ㅈ, ㅊ, ㅌ' 등 다른 받침으로 표기할 근거가 없을 때는 예시로 제시한 예들처럼 [ㄷ]로 소리가 나더라도 'ㅅ'으로 적는다.

7. 모음의 표기

(1) '계, 례, 몌, 폐, 혜'의 'ㅖ'는 [ㅔ]로 소리 나는 경우가 있더라도 'ㅖ'로 적는다.(【맞】제8항)

계란[계란/게란]   계시다[계시다/게시다]   핑계[핑계/핑게]
실례[실례]   화폐[화폐/화페]   폐지[폐지/페지]
은혜[은혜/은헤]   혜택[혜택/헤택]

(2) '의'나, 자음을 첫소리로 가지고 있는 음절의 'ㅢ'는 [ㅣ]로 소리 나는 경우가 있더라도 'ㅢ'로 적는다.(【맞】제9항)

의사[의사]   주의[주의/주이]   의의[의의/의이]
무늬[무니]   띄다[띠다]   틔다[티다]   희망[히망]

모음 자모 중에는 한국어 모어 화자들의 발음 습관이 바뀌어 표기 그대로 발음하지 못하고 다른 소리로 바꿔 발음하는 것들이 있다. 'ㅖ'와 'ㅢ'가 여기에 해당한다. 바꿔 발음하는 것을 규범적인 것으로 인정하기도 한다.

그렇지만 이 규정에서 보듯이 적을 때는 바뀐 발음을 반영하지 않는다.

(1) 한국어 모어 화자들은 [ㅖ]를 흔히 [ㅔ]로 발음한다. 그래서 「표준 발음법」에서는 '예, 례' 이외의 'ㅖ'는 [ㅔ]로도 발음하는 것을 허용하였다.(「발」제5항 다만 2) '예, 례'는 한국어 모어 화자들이 비교적 [ㅖ]를 제대로 발음한다고 보았기 때문에 [ㅔ]로 발음하는 것을 허용하지 않은 것이다. 그래서 예시에서도 [ㅖ]로만 발음해야 하는 '실례'를 제외한 나머지는 모두 발음이 2개씩 제시되어 있다. '몌'는 지금은 거의 쓰이지 않는 단어에만 나타나기 때문에 예시에 '몌'가 들어간 단어는 제시하지 않았다. ❶

한국어 모어 화자들이 흔히 'ㅖ'라고 적는 것을 [ㅔ]라고 발음하므로 'ㅔ'로 표기를 바꿀 수도 있었다. 그러나 'ㅖ'로 적는 것으로 정해졌다. 발음에서는 변화를 인정해도 표기에서는 예전부터 써 오던 것을 그대로 지켰다. 소리대로 적기를 포기하고 이미 사람들에게 익숙한 표기를 그대로 인정한 것이다.

(2) '의'는 한국어 모어 화자들이 발음하기에 불편한 소리이다. 그래서 다르게 발음하는 일이 많다. 이런 현실을 반영하여 「표준 발음법」에서 'ㅢ'에 대해서 아래와 같이 다른 발음을 허용하였다. 그렇지만 표기할 때는 그대로 'ㅢ'로 적는 것으로 정해졌다. 이것도 위의 'ㅖ'와 마찬가지로 발음에서는 변화를 인정해도 표기에서는 예전부터 써 오던 것을 그대로 지켰다.

① **자음을 첫소리로 가지고 있는 음절의 'ㅢ'는 [ㅣ]로 발음한다.(「발」제5항 다만3)**

　무늬[무니]　띄다[띠다]　틔다[티다]　희망[히망]

"자음을 첫소리로 가지고 있는 음절 '늬'"는 '의'를 제외한 '긔, 늬, 듸……' 등을 가리킨다. '긔, 늬, 듸……' 등에서는 '늬'를 [ㅣ]로 발음하라는 것이다. 예시에서 '무늬, 띄다, 틔다, 희망'에 [ㅣ]로 끝나는 발음 하나만 제시된 것은 이 규정 때문이다. 'ㄴ, ㄸ, ㅌ, ㅎ'과 같은 자음을 첫소리로 가지고 있기 때문에 '늬'를 [ㅣ]로 발음한다. [ㅣ]로 발음하도록 하였기 때문에 [무늬], [띄다], [틔다], [희망]이라고 굳이 발음하면 오히려 규범적인 것으로 인정되지 않는다. 적기는 '늬'로 적되 발음은 [ㅣ]로 해야 규범적인 것이다.

『표준어 규정 해설』에 따르면 이 규정은 글자로 적었을 때 첫소리 자음이 있는 경우에만 적용된다. 앞말의 받침이 뒤에 오는 '의'와 합쳐져서 발음으로는 첫소리 자음이 오는 경우도 있다.

문의[무늬/무니]   논의[노늬/노니]   질의[지리/지리]
혐의[혀믜/혀미]   합의[하븨/하비]

'문의'를 예로 들면 글자로는 '의'만 있다. 그런데 실제 발음에서는 앞말의 받침 'ㄴ'이 '의'와 합쳐져서 [늬]가 된다. 이때는 아래 ②가 적용되어 [ㅢ]로도 발음할 수 있고 [ㅣ]로도 발음할 수 있다. 그래서 예로 제시한 말들에 발음이 2개씩 제시되어 있다.

② 단어에서 첫 번째 음절에 오지 않은 '의'는 [ㅣ]로 발음함을 허용하며, 조사 '의'는 [ㅔ]로 발음함을 허용한다.(〖발〗제5항 다만4)
주의[주의/주이]   협의[혀븨/혀비]
우리의[우리의/우리에]   강의의[강의의/강의에/강이의/강이에]

㉠에서는 자음을 첫소리로 가지는 'ㅢ'의 발음을 정리하였다. ②에서는 ①에서 빠진 '의'의 발음을 정리한 것이다.

이 규정에는 세 가지 내용이 담겨 있다.

㉮ 단어의 첫 번째 음절에서는 '의'는 [의]로 발음한다.

의견[의견]   의미[의미]   의사[의사]   의자[의자]

규정에서 "단어에서 첫 번째 음절에 오지 않은 '의'"라고 제한했으므로 첫 번째 음절에 오는 '의'는 적용되지 않는다. 글자 그대로 [의]로만 발음해야 한다. 그래서 예로 제시한 말들에 발음이 하나씩만 제시되어 있다.

㉯ 단어의 첫 번째 음절이 아니면 '의'는 [ㅢ]로도 발음할 수 있고 [ㅣ]로도 발음할 수 있다.

강의[강의/강이]   거의[거의/거이]   주의[주의/주이]   회의[회의/회이]

부주의[부주의/부주이]   주치의[주치의/주치이]   민주주의[민주주의/민주주이]

단어의 첫 번째 음절이 아니면 [ㅣ]로 발음할 수도 있기 때문에 두 가지 발음이 가능하다. 두 번째 음절이어도 되고 세 번째 음절이어도 된다. 그래서 예로 제시한 '강의, 거의, 주의, 회의, 부주의, 주치의, 민주주의'에 발음이 두 개씩 제시되어 있다.

조사 '의'는 발음을 따로 정했기 때문에 이것이 적용되지 않는다. 조사 '의'는 아래 ㉯에서 정한 대로 발음해야 한다. '의의'는 ㉮와 ㉯가 동시에 적용되는 예이다. 첫 번째 음절의 '의'는 [의]로만 발음해야 하고 두 번째 음절의 '의'는 [의]와 [이]로 발음할 수 있다. 그래서 [의의] 또는 [의이]라고 발음할 수 있다.

이미 ㉠에서 다루었듯이 '협의'처럼 앞말의 받침이 뒤에 오는 '의'와 합쳐지면 [ㅢ]로 발음할 수 있다. 그리고 단어의 첫 번째 음절이 아니므로 [ㅣ]로도 발음할 수 있다. 즉, [혀븨] 또는 [혀비]라고 발음할 수 있다.

㉣ '의'가 조사로 쓰이는 경우에는 [의]로도 발음할 수 있고 [에]로도 발음할 수 있다.
우리의(우리 + 의)[우리의/우리에] 희망
강의의(강의 + 의)[강의의/강의에/강이의/강이에] 주제

조사 '의'의 경우에는 [의]로도 발음할 수 있고 [에]로도 발음할 수 있다. [에]로 많이 발음하는 현실을 인정한 것이다. 그렇지만 [이]로 발음하는 것을 허용하지 않았기 때문에 [이]로 발음할 수는 없다. 예를 들어 '우리의 희망'에서 '우리의'는 [우리의]라고 발음할 수도 있고 [우리에]라고 발음할 수도 있다. [우리이]라고는 발음할 수 없다. '강의의 주제'에서 '강의의'는 ㉤와 ㉣가 동시에 적용되기 때문에 가능한 발음이 [강의의], [강의에], [강이의], [강이에] 등 4가지이다. ❷

도움말

❶
 (1)에서는 'ㅖ'가 [ㅔ]로 소리 나는 경우라고 규정하면서 예시에 '례'를 포함하였다. 그런데 「표준 발음법」에서는 '례'를 [ㅔ]로 발음하는 것을 허용하지 않았다. (1)에서는 [레]로 소리 날 수 있다고 하고 「표준 발음법」에서는 [레]로 발음하는 것을 허용하지 않는다고 하여 두 규정이 서로 맞지 않는 것처럼 보인다. 그렇지만 (1)에서는 한국어 모어 화자들이 실제로 발음하기도 하는 것을 제시한 것으로 보면 설명이 된다. 「표준 발음법」에서는 이 중에서 [레]를 제외하고 나머지, 즉 [계], [몌], [폐], [혜]만 규범적인 발음으로 인정한 것이다. 즉, [레]는 한국어 모어 화자들이 실제로 발음하기도 하지만 규범적인 발음은 아니라고 본 것이다.

❷
 조사 '의'를 [에]로도 발음할 수 있지만 조사 중에는 '에'도 있다. 이 조사는 그대로 [에]로 발음한다. [에]로 발음되는 조사가 2개가 있는 것이다. '의'와 '에' 조사의 쓰임이 비슷할 때가 있어서 한국어 모어 화자들도 '의'를 써야 하는데 '에'를 잘못 쓰는 일이 종종 있다.

8. 두음 법칙

한자로 적을 수 있는 말 중에서 다음과 같은 한자음은 단어 첫머리에 올 적에는 두음 법칙에 따라 다르게 적는다.(【맞】제10항 ~ 제12항)

(1) '녀, 뇨, 뉴, 니' → '여, 요, 유, 이'

녀(女): 남녀(男女) – 여자(女子)   뇨(尿): 배뇨(排尿) – 요도(尿道)
뉴(紐): 결뉴(結紐)[5] – 유대(紐帶)   닉(匿): 은닉(隱匿) – 익명(匿名)

(2) '랴, 려, 례, 료, 류, 리' → '야, 여, 예, 요, 유, 이'

량(良): 개량(改良) – 양심(良心)   력(歷): 경력(經歷) – 역사(歷史)
례(禮): 실례(失禮) – 예의(禮儀)   룡(龍): 청룡(靑龍) – 용궁(龍宮)
류(流): 상류(上流) – 유행(流行)   리(理): 진리(眞理) – 이발(理髮)

(3) '라, 래, 로, 뢰, 루, 르' → '나, 내, 노, 뇌, 누, 느'

란(亂): 혼란(混亂) – 난리(亂離)   래(來): 미래(未來) – 내일(來日)
론(論): 결론(結論) – 논쟁(論爭)   뢰(雷): 낙뢰(落雷) – 뇌성(雷聲)
루(樓): 망루(望樓) – 누각(樓閣)   릉(陵): 왕릉(王陵) – 능묘(陵墓)[6]

---

5 결뉴(結紐): 끈을 맴.
6 능묘(陵墓): 임금이나 임금 아내의 무덤.

두음 법칙은 두음, 즉 단어 첫머리에 올 때 소리가 바뀌는 현상을 가리킨다. 한국어에서 단어 첫머리에서 발음할 수 없는 소리들이 있다. 발음할 수 없는 이 소리들이 단어 첫머리에서 발음을 할 수 있는 다른 소리로 바뀌는 것이다.

두음 법칙은 한자어에서만 나타난다. 한자어, 즉 한자로 적을 수 있는 말의 경우는 한자 하나하나가 고유한 음이 있는데 그 음이 단어 첫머리에서 발음할 수 없는 음인 경우에 바뀌기 때문이다. 그래서 단어 첫머리가 아닌 자리에서는 고유한 음대로 발음하고 단어 첫머리에 올 때는 다른 음으로 바뀌기 때문에 두음 법칙이라고 한다.

위의 예시에서 보듯이 두음 법칙은 한자어 중에서 고유한 음이 [ㄹ]나 [ㄴ]로 시작되는 말에 적용된다. 옛날에 한국어에서는 단어 첫머리에서 [ㄹ]를 발음할 수 없었다. 그래서 고유어 중에는 [ㄹ]로 시작하는 말이 없다. 그런데 한자어는 고유한 음 중에 [ㄹ]로 시작하는 것들이 있다. [ㄹ]로 시작되는 소리가 단어 첫머리에 오게 되면 [ㄹ]를 발음할 수 없다. 그래서 [ㄴ]로 소리가 바뀌게 된다. (3)이 거기에 해당하는 예이다.

[ㄴ]의 경우는 옛날에는 단어 첫머리에서도 발음할 수 있었다. 현대로 오면서 단어 첫머리에서 'ㅣ'나 'ㅣ'계 모음 앞에 오는 [ㄴ]를 발음할 수 없게 되었다. 그래서 단어 첫머리에서 [녀], [뇨], [뉴], [니]를 대신하여 [여], [요], [유], [이]로 발음하게 되었다. (1)이 거기에 해당하는 예이다. ❶

(2)에는 (3)과 (1)의 변화 원인이 모두 적용되었다. 단어 첫머리에서 [ㄹ]를 발음할 수 없기 때문에 옛날에는 '랴, 려, 례, 료, 류, 리'를 대신하여 '냐, 녀, 녜, 뇨, 뉴, 니'로 적었다. (3)과 같은 이유다. 그래서 이들도 'ㅣ'나

'ㅣ'계 모음 앞에 [ㄴ]가 온 것들이 되었다. 현대로 오면서 단어 첫머리에서 [ㄴ]를 발음할 수 없게 되자 이들도 발음이 바뀔 수밖에 없었다. (1)과 같은 이유다. 이 두 단계를 거쳐 '야, 여, 예, 요, 유, 이'로 바뀌게 된 것이다.

같은 한자를 반복할 때도 원칙적으로 두음 법칙이 적용되어 표기가 달라진다.

낭랑(朗朗)하다   냉랭(冷冷)하다   늠름(凜凜)하다   연년생(年年生)
역력(歷歷)하다

예에서 볼 수 있듯이 단어 첫머리에 온 글자는 두음 법칙이 적용되어 '랑→낭, 랭→냉, 름→늠, 년→연, 력→역'으로 바뀌었다. 그렇지만 첫머리에 오지 않은 한자는 고유한 음대로 '랑, 랭, 름, 년, 력'으로 적는다. 한글로만 보면 다른 글자처럼 되었다.

여기에도 예외가 있다. 같은 음절이나 비슷한 음절이 겹쳐 날 때 같은 글자로 적기도 한다.(〖맞〗제13항) '유유상종(類類相從)', '누누(累累)이'도 두음 법칙에 따르면 '유류상종', '누루이'라고 적어야 한다. 그런데 한국어 모어 화자들이 '유유상종', '누누이'라고 써 왔다. 이 관습을 존중하여 두음 법칙의 규정을 적용하지 않고 같은 음절이나 비슷한 음절이 겹쳐 날 때 같은 글자로 적는다는 규정을 적용하여 '유유상종', '누누이'로 적도록 하였다.

단어 첫머리라 함은 띄어쓰기를 하면서 단어를 쓸 때 처음 쓰는 글자라고 할 수 있다. 그런데 처음 쓰는 글자가 아닌데도 두음 법칙이 적용될 때가 있다. 접두사나 다른 말이 앞에 붙을 때이다. 다른 글자가 앞에 있더라도 독립적인 단어라고 판단이 되면 두음 법칙이 적용된다.

년 → 연: 최**연**소(最年少) 량 → 양: 미풍**양**속(美風良俗)
려 → 여: 신혼**여**행(新婚旅行) 리 → 이: 몰**이**해(沒理解)
로 → 노: 중**노**동(重勞動) 루 → 누: 사상**누**각(沙上樓閣)

위의 예들을 구성하는 말인 '연소, 양속, 여행, 이해, 노동, 누각'은 각각 단어들이다. 그래서 이 단어들이 따로 쓰일 때는 당연히 두음 법칙이 적용된다. 그 말들에 다시 '최, 미풍, 신혼, 몰, 중, 사상'과 같은 말이 덧붙게 되자 이미 적용된 두음 법칙을 그대로 지키는 것이다.

반대의 경우도 있다. 즉, 띄어쓰기를 하여 단어 첫머리의 자리에 오는데도 두음 법칙을 적용하지 않는 단어들도 있다. 한자어 중에서 홀로 쓰일 수 없는 의존 명사는 띄어쓰기를 하지만 두음 법칙을 적용하지 않는다.

년(年): 이십 **년**
리(里): 버스에서 내려 오 **리**쯤 걸어 들어가야 한다.
리(理): 이번 일도 결코 실패할 **리**가 없다.

의존 명사는 명사이기는 해도 홀로 쓰이지 못하고 반드시 다른 말 뒤에서 쓰인다. 띄어쓰기를 기준으로 하면 단어 첫머리이지만 홀로 쓰이지 못하는 점에서는 단어 첫머리에 오는 것이 아닐 수 있다. 그래서 두음 법칙을 적용하지 않고 적으며 글자 그대로 [년], [리]로 발음한다.

한자어 중에서 고유한 음이 '렬, 률'인 경우에는 표기의 혼란이 심하였다. 단어 첫머리가 아니어도 '열, 율'로 적기도 하였다. 「한글 맞춤법」에서는 실제 발음을 고려하여 모음이나 'ㄴ' 받침 뒤에 이어지는 '렬, 률'은 '열, 율'로 적도록 하였다.(「맞」제11항 붙임1 다만) 예외가 없기 때문에 이 기준에 따라 'ㄹ'로 적을지 'ㅇ'으로 적을지 정하면 된다.

㉮ 열(列): 나열(羅列)   서열(序列)   진열(陳列)
㉯ 렬(列): 일렬(一列)   동렬(同列)   행렬(行列)
㉰ 율(率): 비율(比率)   환율(換率)   지지율(支持率)   백분율(百分率)
　　　　 출산율(出産率)
㉱ 률(率): 능률(能率)   승률(勝率)   경쟁률(競爭率)   시청률(視聽率)
　　　　 취업률(就業率)

㉮에서 '나열, 서열'은 모음 뒤에 오고 '진열'은 'ㄴ' 받침 뒤에 오기 때문에 '열'로 적는다. 이에 비해 ㉯에서 '일렬'은 'ㄹ' 받침 뒤, '동렬, 행렬'은 'ㅇ' 받침 뒤에 오기 때문에 모음이나 'ㄴ' 받침 뒤에 해당하지 않는다. 그래서 '렬'로 적는다.

'율/률'도 동일하다. ㉰와 ㉱를 비교해 보면 역시 모음이나 'ㄴ' 받침 뒤인가 아닌가에 따라 표기가 달라진다. 특히 '비율'을 뜻하는 '율/률(率)'은 '지지, 출산, 경쟁, 시청, 취업'처럼 두 글자 뒤에 덧붙는 일이 흔하여 사전에 없는 단어들이 쓰이기도 한다. 사전에 없는 단어라도 모음과 'ㄴ' 받침 뒤라는 기준을 적용하여 '율' 또는 '률'을 선택하여 적으면 된다.

지금까지 보았듯이 단어 첫머리가 아닌데 두음 법칙을 적용하고 반대로 단어 첫머리인데 두음 법칙을 적용하지 않는 것들이 있다. 한자로는 같이 쓰더라도 문장 내에서의 역할에 따라 표기가 달라지기도 한다. '年度'라는 말은 시기를 구분할 때는 '연도'라고 하고 기간을 가리킬 때는 의존 명사이기 때문에 '년도'라고 한다. 그래서 '제작 연도, 졸업 연도' 같은 자리에 올 때는 '연도'라 적고 '2020년도 입학식'처럼 기간을 가리킬 때는 '년도'라고 적어야 한다.

이처럼 단어 첫머리라는 조건이 다소 헷갈리기 때문에 한국어 모어 화자들도 두음 법칙을 규범과 다르게 적용하여 표기하는 일이 종종 있다.

고유어 중에서 단어 첫머리에서는 '이'라고 적고 단어 첫머리가 아닐 때는 '니'라고 적어 두음 법칙이 적용된 것처럼 보이는 단어가 있다. 물거나 씹는 데 사용하는 입 안 기관인 '이'가 그 예이다.

이 이빨 이쑤시개

단어 첫머리에 올 때는 '이'로 적는다. 그런데 「한글 맞춤법」에서 '이'는 합성어나 이에 준하는 말 뒤에서 사용될 때는 '니'로 적도록 하였다.(「맞」 제27항 붙임3)

금니[금니] 덧니[던니] 사랑니[사랑니] 어금니[어금니] 송곳니[송곤니]
앞니[암니] 톱니[톰니]

'이'가 다른 말 뒤에 붙어 사용될 때는 예에서 보듯이 '니'라고 적고 발음도 [니]라고 한다.

본래의 발음이 [니]인데 단어 첫머리에서 발음할 수 없어 [이]로 발음하는 것처럼 보일 수도 있다. '이'가 옛날에는 '니'였고 단어 첫머리에서 [ㄴ]가 빠지면서 '니'가 '이'로 바뀐 말이기는 하다. 그렇지만 이 말은 '이'로 완전히 바뀌었고 뒤에서(주제 25) 다룰 [ㄴ] 소리 첨가로 인해 뒤에 오는 '이'가 [니]가 된 것으로 볼 수 있다. 『한글 맞춤법 해설』에 따르면 '이'로 적으면 주격 조사 '이'가 붙을 때와 혼동하여 '송곳이, 앞이'를 [송고시], [아피]처럼 읽을 수가 있어 '니'로 적기로 하였다고 한다. 홀로 쓰이는 단어가 있는데 그 형태를 따라 적지 않고 소리 나는 대로 달리 적는 드문 경우이다. 어쨌든 '이'는 고유어이기 때문에 두음 법칙에 속하는 예로 보지 않는다. ❷

도움말

❶
'ㅣ'계 모음은 반모음 j가 들어간 이중 모음을 말한다. 글자를 기준으로 하면 'ㅣ'가 더 들어간 모음으로 'ㅑ, ㅕ, ㅛ, ㅠ, ㅒ, ㅖ'이다.

❷
한국에서는 인명과 지명에 한자어가 많다. 인명과 지명에도 원칙적으로 두음 법칙이 적용된다.

한국의 인명은 성과 이름으로 구성된다. 이름을 따로 부르는 경우가 많아 성과 이름에 각각 두음 법칙이 적용된다. 예를 들어 성은 '柳'이고 이름은 '龍倫'이라는 인명이 있다고 하자. 한자의 음 그대로 적으면 '류룡륜'이지만 두음 법칙을 적용하면 '유용륜'이 된다. '류'가 성이고 단어 첫머리이기 때문에 두음 법칙이 적용되어 '유'가 된다. 이름에서 '룡'은 단어 첫머리이기 때문에 두음 법칙이 적용되어 '용'으로 적고 '륜'은 단어 첫머리가 아니기 때문에 한자의 음 그대로 '륜'으로 적는다.

예전에는 어문 규정을 따라야 한다는 인식이 강하여 개인이 원하는 표기를 확인하지 않고 공문서에서 인명을 두음 법칙에 따라 적기도 하였다. 그런데 항의가 많아지면서 인식이 바뀌었다. 인명을 한글로 적는 방법은 개인의 권리에 속하는 것이므로 어문 규정을 따르지 않아도 개인이 원하는 표기를 인정해야 한다고 바뀌었다. 그래서 성의 경우 '유(柳), 이(李), 나(羅)' 대신 한자의 음 그대로 '류, 리, 라'라고 적는 사람들도 있다.

이러한 인식이 확대되면서 회사의 이름이나 상표의 이름 등에서도 어문 규정을 따르지 않는 표기를 허용하는 편이다. 그것 또한 개인이나 법인의 권리이기 때문이다.

9. 한자어 속음

한자어에서 본음으로도 나고 속음으로도 나는 것은 각각 그 소리에 따라 적는다.(【맞】제52항)

한자	본음	속음
諾 낙/락	승낙(承諾), 응낙(應諾)	수락(受諾▽), 허락(許諾▽)
難 난/란	고난(苦難), 비난(非難), 식량난(食糧難)	곤란(困難▽), 논란(論難▽)
怒 노/로	분노(忿怒)	희로애락(喜怒▽哀樂)
論 론/논	토론(討論)	의논(議論▽)
六 륙(육)/뉴(유)	오륙십(五六十), 육십(六十)[7]	오뉴월(五六▽月)[8], 유월(六▽月)
木 목/모	목재(木材), 수목(樹木)	모과(木▽瓜)
十 십/시	사십(四十), 십이월(十二月)	시월(十▽月)
八 팔/파	팔일(八日)[9]	초파일(初八▽日)[10]
糖 당/탕	당뇨병(糖尿病), 혈당(血糖)	사탕(沙糖▽), 설탕(雪糖▽)

---

[7] 오륙십(五六十): 오십(50)에서 육십(60) 사이의 수. '六'의 본음은 '륙'이다. '오륙십'은 본음대로 적은 것이다. '육십'은 앞에서(주제 8) 설명한 두음 법칙이 적용되어 '륙→육'으로 바뀐 것이다.

[8] 오뉴월(五六▽月): 오월(5월)과 유월(6월). 또는 오월이거나 유월.

[9] 팔일(八日): 하루부터 헤아려 여덟째 되는 날.

[10] '초파일'은 음력 4월 8일 불교를 창시한 석가모니가 태어난 날만을 뜻한다. 그냥 '파일'이라고도 한다. 음력 4월 8일을 제외하고 매달 8일은 그냥 '초팔일'이라고 한다.

한자는 각각 고유한 뜻과 음이 있다. 고유한 음을 '본음'이라고 한다. 그런데 한국어에서 한자어가 계속 사용되면서 한자의 음이 여러 가지 이유로 변하기도 한다. 고유한 음과 다르게 변한 음이 굳어져서 쓰이면 '속음'이라고 한다. 시간이 흐르면서 한자의 고유한 음이 변할 수도 있다. 그런 경우는 본음이 바뀐 것이기 때문에 '속음'이라고 하지 않는다. 본음이 따로 있고 특정한 한자어에서 본음과 다른 음을 사용할 때 그것을 속음이라고 한다. 예를 들어 위의 예시에서 '諾'은 본음이 '낙'이다. 그런데 '受諾', '許諾'에서는 한국어 모어 화자들이 '수낙', '허낙'이 아니라 '수락', '허락'이라고 발음한다. 그래서 '락'을 속음이라고 본다.

한자어라는 인식이 없어지면 소리가 변하더라도 속음으로 보지 않고 한자어가 아닌 고유어로 바뀌었다고 본다. 아래의 예들은 원래는 한자어였지만 사전에서 이제는 고유어로 인정한 것들이다.

과녁(<貫革)   선반(<懸盤)   고추(<苦椒)   호두(<胡桃)   후추(<胡椒)

예로 제시한 단어들은 ( ) 안에 제시된 한자어에서 온 말이지만 『기초사전』에서 찾으면 이 한자들을 원어로 제시하지 않고 있다. 고유어로 본다는 뜻이다.

같은 한자이지만 뜻에 따라 음이 바뀌는 경우도 있다.

樂(라/악): 오락(娛樂), 음악(音樂)
更(갱/경): 갱신(更新), 변경(變更)

狀(상/장): 상태(狀態), 초청장(招請狀)

車(차/거): 자동차(自動車), 자전거(自轉車)

이런 경우는 2개 이상의 본음이 있다고 보지 어느 하나를 속음으로 보지 않는다. 하나의 한자의 본음이 2개 이상일 수도 있기 때문에 위에서 속음이라고 제시한 것들 중에서도 사람에 따라서는 본음으로 보는 것들도 있다. 속음과 본음의 경계가 아주 분명하지는 않다.

지금까지 보았듯이 무엇을 속음으로 볼 것인지는 관점에 따라 다를 수 있다. 그렇지만 한자어에서 음이 변한 것은 변한 대로 인정을 하는 것이 이 규정의 목적이라고 할 수 있다. 속음은 단어마다 개별적으로 생기는 것이라서 단어마다 각각 익혀야 한다. 『기초사전』에서는 속음이라고 판단한 한자에 '▽'를 붙여 표시하였다. 예시에서도 이를 따라 속음으로 발음이 되는 한자에는 '▽'를 붙였다.

10. 어미 '-아'와 '-어'의 선택

용언 어간의 마지막 음절 모음이 'ㅏ, ㅑ, ㅗ'일 때에는 어미를 '-아'로 적고, 그 밖의 모음일 때에는 '-어'로 적는다.(【맞】제16항) ❶

(1) '-아'로 적는 경우

단어	-아	-아서	-아야	-았다
감다	감아	감아서	감아야	감았다
막다	막아	막아서	막아야	막았다
얇다	얇아	얇아서	얇아야	얇았다
돌다	돌아	돌아서	돌아야	돌았다
보다	보아	보아서	보아야	보았다

(2) '-어'로 적는 경우

단어	-어	-어서	-어야	-었다
개다	개어	개어서	개어야	개었다
겪다	겪어	겪어서	겪어야	겪었다
되다	되어	되어서	되어야	되었다
베다	베어	베어서	베어야	베었다
쉬다	쉬어	쉬어서	쉬어야	쉬었다
주다	주어	주어서	주어야	주었다
피다	피어	피어서	피어야	피었다
희다	희어	희어서	희어야	희었다
비웃다	비웃어	비웃어서	비웃어야	비웃었다

용언 어간 뒤에 오는 어미 '-아'는 어간의 마지막 음절 모음이 무엇인가에 따라 '-어'로 바뀌기도 한다. 위에서 설명한 것처럼 마지막 음절 모음이 'ㅏ, ㅑ, ㅗ'일 때는 어미를 '-아'로 적고 그 밖의 모음일 때는 '-어'로 적으며 발음도 '-아'는 [아]로, '-어'는 [어]로 한다.

'ㅏ, ㅗ' 등은 양성 모음이라고 하고 'ㅓ, ㅜ' 등은 음성 모음이라고 한다. 한국어에는 같은 계통의 모음끼리만 어울린다는 모음 조화 현상이 있다. 즉, 양성 모음은 양성 모음만 뒤에 오고 음성 모음은 음성 모음만 뒤에 오는 것이다. 'ㅏ, ㅑ, ㅗ' 뒤에는 '-아'만 오고, 그 밖의 모음에서는 '-어'만 오는 것은 모음 조화 때문이다. 옛날에는 모음 조화가 훨씬 더 강했지만 지금은 많이 약해져서 이제는 양성 모음은 양성 모음과, 음성 모음은 음성 모음과 어울린다는 제약이 많이 없어졌다. 어미 '-아'와 '-어'를 선택할 때 정도만 모음 조화를 지키고 있다. ❷

어미 선택의 기준은 어간의 마지막 음절 모음이 'ㅏ, ㅑ, ㅗ'인가 여부이다. 규정에서 '-아'로 적는 경우로 제시된 예시들을 모음을 기준으로 나눠 보면 아래와 같다.

ㅏ: 감다, 막다
ㅑ: 얇다
ㅗ: 돌다, 보다

여기에서 볼 수 있듯이 받침이 있든 없든 어간의 마지막 음절의 모음을 기준으로 판단한다. 'ㅏ, ㅑ, ㅗ'를 제외한 나머지 모음이 올 때는 '-어'로 적는다. 예시에서 든 예들로 보면 'ㅐ, ㅕ, ㅚ, ㅔ, ㅟ, ㅜ, ㅣ, ㅡ' 등의 모음 뒤에서 '-어'로 적는다. '-아'가 'ㅏ, ㅑ, ㅗ' 뒤에 붙는 것에 비하면 훨씬 많은 모음에 음성 모음 어미인 '-어'가 붙는다.

어미가 붙으면서 마지막 음절 모음이 줄어들 때가 있다. 이때는 그 앞 음절의 모음이 기준이 된다.

단어	-아	-아서	-아야	-았다
담그다	담가	담가서	담가야	담갔다
잠그다	잠가	잠가서	잠가야	잠갔다
고프다	고파	고파서	고파야	고팠다
단어	-어	-어서	-어야	-었다
기쁘다	기뻐	기뻐서	기뻐야	기뻤다
치르다	치러	치러서	치러야	치렀다
슬프다	슬퍼	슬퍼서	슬퍼야	슬펐다

어미 '-아/-어'가 올 때 어간 마지막 음절의 모음 '으'가 줄어드는 예들이다. 뒤에서(주제 11, 101쪽) 설명한다. 어간 마지막 음절의 모음이 '으'이지만 '담그다, 잠그다, 고프다'는 '-아'가 결합해서 '담가, 잠가, 고파'가 된다. '기쁘다, 치르다, 슬프다'는 '-어'가 결합해서 '기뻐, 치러, 슬퍼'가 된다. '으'가 줄기 때문에 그 앞의 음절을 기준으로 어미가 선택된 것이다.

하나의 음절로 된 어간에서 '으'가 줄 때는 '-어'가 선택된다.

단어	-어	-어서	-어야	-었다
끄다	꺼	꺼서	꺼야	껐다
쓰다	써	써서	써야	썼다
뜨다	떠	떠서	떠야	떴다
트다	터	터서	터야	텄다

'본뜨다, 싹트다'는 앞의 '본'과 '싹'에 각각 양성 모음인 'ㅗ', 'ㅏ'가 들어가 있는데도 어미 '-아'를 택하지 않는다.

단어	-어	-어서	-어야	-었다
본뜨다	본떠	본떠서	본떠야	본떴다
싹트다	싹터	싹터서	싹터야	싹텄다

'본뜨다', '싹트다'가 뒤의 어미를 '-어'를 선택한 것은 이들이 '본'과 '뜨다', '싹'과 '트다'로 이루어진 합성어이기 때문이다. '뜨다, 트다'에서 어미 '-어'를 선택하는 것이 다른 말과 결합할 때도 그대로 나타나 '본떠, 싹터'처럼 어미 '-어'를 선택하는 것이다.

이처럼 어간 마지막 음절 모음에 따라 어미 '-아', '-어'의 선택이 달라지는데 한국어 모어 화자들이 어떤 용언들은 '-아'가 아니라 '-어'로 적거나 발음하는 경우도 있다.

오늘은 **바뻐서**(→ 바빠서) 만날 수 없어.
도망가지 못하게 앞을 **막어라**(→ 막아라).

이 책은 가볍고 얇어서(→ 얇아서) 좋다.
너 그거 알어(→ 알아)?
넘어지지 않게 친구의 손을 잡어라(→ 잡아라).

색으로 표시한 예들은 어간에 양성 모음이 있기 때문에 모두 어미 '-아'로 적어야 하는데 어미 '-어'로 적은 예들이다. 어간이 양성 모음인데 어미 '-어'를 선택한 것은 이렇게 발음하거나 적는 것을 모두 규범적인 것으로 인정하지 않는다. ( ) 안 → 뒤에 제시된 형태로 읽고 적어야 한다. ❸

간혹 어미 '-아/-어'가 아니라 '-애'가 붙은 것처럼 보이는 예들이 있다.

즐거운 새해를 맞이하기를 바래(→ 바라).
철수가 빨리 돌아오기를 바래(→ 바라).
저 애가 나를 좋아하는 것 같애(→ 같아).

'바래'는 '바라다'에 어미 '-아'가 붙은 형태가 올 자리이다. '바라다'와 어미 '-아'가 붙으면 '바라'가 될 뿐이다. '바래'라고 하는 일이 많은데 규범적인 것으로 인정이 되지 않는다. 용언의 끝 모음이 'ㅏ'이고 뒤에 모음으로 시작하는 어미 '-아'가 오면 'ㅏ'만 사용할 수 있기 때문이다. '바라'만 사용할 수 있다. 이에 대해서는 뒤에서(주제 16, 147쪽) 자세히 설명한다. '같애'도 '같아'라고 해야 한다. '같다'라는 말에 어미 '-아'가 결합한 것이므로 '같아'만 규범적인 것으로 인정이 된다. 발음에서도 [가타]만 규범적인 것으로 인정된다. ❹

어미 '-어'는 [어]로 발음하는 것이 원칙이다. 그런데 'ㅣ, ㅚ(ㅞ), ㅟ, ㅢ' 모음 뒤에 이어지는 '-어'는 [여]로 발음하는 것도 허용이 된다.([발]제22항)

- [어]로만 발음하는 것

    개다: 개어[개어]

    베다: 베어[베어]

    주다: 주어[주어]

- [어/여]로 발음하는 것

    가지다: 가지어[가지어/가지여]

    피다: 피어[피어/피여]

    되다: 되어[되어/되여/뒈어/뒈여] ❺

    쥐다: 쥐어[쥐어/쥐여]

    희다: 희어[희어/희여]

도움말

❶

이 책에서 어미 '-아' 또는 '-어'는 어미 '-아'나 '-어'만 가리킬 때도 사용하지만 '-아/-어', '-아도/-어도', '-아서/-어서', '-아야/-어야', '-았-/-었-' 등 '-아/-어'가 포함된 모든 어미를 가리킬 때도 사용한다. 용언 어간에 결합하는 방식이 이들 모두 같기 때문이다.

❷

현대에 오면서 모음 조화가 약해졌기 때문에 어문 규정에서도 과거보다는 모음 조화를 인정하지 않는 것들이 많아졌다. 뒤에서(주제 12, 108쪽) 다룰 ㅂ 불규칙 용언에서도 모음 조화를 인정하지 않는 것으로 바뀌었다. 「표준어 규정」에서도 양성 모음이 음성 모음으로 바뀌어 굳어진 단어는 음성 모음 형태를 표준어로 삼는다고 하였다.([표]제8항)

표준어	비표준어	비고
깡충깡충	깡총깡총	
-둥이	-동이	검둥이, 귀염둥이, 막둥이, 바람둥이, 쌍둥이, 흰둥이
오뚝이	오똑이	

위의 예에서 '깡충깡충'과 '오뚝이'는 전에는 앞에 오는 '깡'과 '오'에 'ㅏ, ㅗ'라는 양성 모음이 있기 때문에 뒤에 오는 소리도 '총, 똑'처럼 양성 모음인 'ㅗ'를 선택해야 한다고 해서 '깡총깡총', '오똑이'라고 말하고 적어야 했다. 그런데 한국어 모어 화자들의 발음 습관이 바뀌어서 모음 조화를 따르지 않는 '깡충깡충'과 '오뚝이'로 표준어를 바꿨다.

'-동이〉-둥이'의 변화는 모음 조화와 관련된 것은 아니다. '-동이'는 '동'으로 읽는 한자어 '童'에서 만들어진 접미사이다. 이 '-동이'라는 발음이 음성 모음인 '-둥이'로 바뀐 것뿐이다. 비고에 제시된 예에서 볼 수 있듯이 '검둥이, 막둥이' 등 앞말이 음성 모음이든 양성 모음이든 '-둥이'가 결합된다.

❸

'담그다, 잠그다, 치르다'는 '담궈, 담궜다, 잠궈, 잠궜다, 치뤄, 치뤘다'처럼 'ㅝ'로 적기도 한다.

오늘 한꺼번에 김치를 담궜다(→ 담갔다).
밖에 나갈 때는 문을 잘 잠궈야(→ 잠가야) 한다.
큰 행사를 치뤘더니(→ 치렀더니) 몸이 몹시 피곤하다.

'ㅝ'로 적으려면 기본형이 '담구다, 잠구다, 치루다'여야 한다. 그런데 이것들은 규범적인 것으로 인정하지 않는다. '담그다, 잠그다, 치르다'만 규범에 맞는 기본형으로 인정이 된다. 'ㅝ'로 읽거나 적는 것은 모두 규범적인 것으로 인정하지 않는다. ( ) 안 → 뒤에 제시된 형태로 읽고 적어야 한다.

❹

한국어에서 '바래'가 전혀 쓰이지 않는 것은 아니다. 다른 의미로는 '바래'라는 말을 쓴다. '바래다'라는 용언이 있는데 이 용언에 '-어'가 붙으면 '바래어'가 된다. 이것이 뒤에서(주제 16, 148쪽) 설명하듯이 줄어들면 '바래'가 된다.

벽의 색이 바래어/바래 새로 페인트를 칠했다.

❺

'되다'에 사용된 'ㅚ'는 단모음인 [ㅚ]뿐만 아니라 이중 모음인 [ㅞ]로도 발음할 수 있다. 「표준 발음법」에서 'ㅚ'는 단모음으로 발음해야 하지만 이중 모음으로 발음하는 것도 허용하였다.(【발】제4항) 그래서 '되어'의 발음은 [되어/되여/뒈어/뒈여]가 모두 가능하다. 『기초사전』에서는 이 네 개를 모두 보여주기가 번거로워 [되어/뒈여]만 제시하였다.

11. 어미 활용(1)

다음과 같은 용언들은 어미가 바뀔 경우, 그 어간이나 어미가 원칙에 벗어나면 벗어나는 대로 적는다.([맞]제18항)

(1) 어간의 끝 'ㄹ'이 줄어질 적

단어	-니	-ㄴ	-ㅂ니다	-시다	-ㄹ수록
날다	나니	난	납니다	나시다	날수록
놀다	노니	논	놉니다	노시다	놀수록
불다	부니	분	붑니다	부시다	불수록
거칠다	거치니	거친	거칩니다	거치시다	거칠수록
둥글다	둥그니	둥근	둥급니다	둥그시다	둥글수록
만들다	만드니	만든	만듭니다	만드시다	만들수록

(2) 어간의 끝 'ㅜ, ㅡ'가 줄어질 적

푸다:	퍼	펐다		뜨다:	떠	떴다
끄다:	꺼	껐다		크다:	커	컸다
담그다:	담가	담갔다		고프다:	고파	고팠다
따르다:	따라	따랐다		바쁘다:	바빠	바빴다

(3) 어간의 끝 '르' 뒤에 오는 어미 '어'가 '러'로 바뀔 적

  이르다[11]: 이르러 이르렀다
  누르다[12]: 누르러 누르렀다
  푸르다: 푸르러 푸르렀다

(4) 어간의 끝 '르'의 'ㅡ'가 줄고, 그 뒤에 오는 어미 '-아/-어'가 '-라/-러'로 바뀔 적

가르다:	갈라	갈랐다	**누르다**:	눌러	눌렀다
거르다:	걸러	걸렀다	**오르다**:	올라	올랐다
구르다:	굴러	굴렀다	**이르다**:	일러	일렀다
벼르다:	별러	별렀다	**지르다**:	질러	질렀다

    한국어에서 용언의 어간과 어미가 만날 때 그 모양이 다양하게 나타난다. 어간이나 어미 한쪽만 예외적으로 바뀌기도 하고 어간과 어미가 동시에 바뀌기도 한다. 어법에 맞도록 한다는 기준에 따르면 어간의 형태는 하나로만 하여야 할 것이다. 그런데 어간과 어미가 만날 때는 예외가 되어 소리 나는 대로 적는다. 용언 어간의 형태가 뒤에 오는 어미에 따라 달리 나타나기도 하는 것이다. 물론 어간과 어미가 만나도 바뀌는 것이 없는 경우도 많다. 바뀌는 것이 없으면 어간과 어미를 붙여 적기만 하면

---

11 여기서 말하는 '이르다'는 도착한다는 뜻의 '이르다'이다. 빠르다는 뜻으로 쓰는 '이르다'와 말한다는 뜻으로 쓰는 '이르다'는 (4)에 속한다.

12 여기서 말하는 '누르다'는 조금 탁하면서도 밝게 노랗다는 뜻의 '누르다'이다. 무게를 가한다는 뜻으로 쓰는 '누르다'는 (4)에 속한다.

되므로 그 경우는 여기서 다루지 않는다.

어간이나 어미가 바뀌는 사례들 중에는 어간 형태가 같으면 어미와 만날 때 바뀌는 방법이 모두 같은 것도 있고 어간 형태가 같아도 어미와 만날 때 바뀌는 방법이 일부만 다른 것도 있다. 그래서 어간 형태가 같아도 일부만 바뀌는 것은 '불규칙'이라고 설명하기도 한다. 순서대로 보도록 한다.

(1) 한국어에서 'ㄹ' 받침으로 끝나는 용언은 어미와 결합할 때 보이는 모양이 복잡하다. 어미의 첫소리가 'ㄴ, ㅂ, ㅅ'이면 어간 받침에 오는 'ㄹ'이 줄어든다. '-ㄹ'로 시작하는 어미, 예를 들어 '-ㄹ걸, -ㄹ게, -ㄹ수록'과 같은 어미가 올 때도 줄어든다. 그런데 이때는 어미에도 '-ㄹ'이 있기 때문에 실제로는 줄어들지 않는 것처럼 보인다. 예를 들어 예시에서 '날다'를 보면 '-ㄹ수록'이 이어질 때 최종 형태가 '날수록'이 된다. 예를 제시하지는 않았지만 지금은 자주 안 쓰이는 어미인 '-오'가 올 때도 어간의 'ㄹ'이 줄어든다.

이들 어미 외에는 어간이 그대로 사용된다. 다만, 명사형 어미 '-ㅁ'과 연결될 때는 받침을 'ㄻ'으로 적는다. '날다'와 '만들다'의 어간을 예로 들어 뒤에 오는 어미와 결합하는 모습을 더 보이면 아래의 표와 같다.

단어	-니까	-는	-ㅂ시다	-세요	-ㄹ까	-ㄹ래
날다	나니까	나는	납시다	나세요	날까	날래
만들다	만드니까	만드는	만듭시다	만드세요	만들까	만들래
단어	-지	-오	-아/-어	-기	-더니	-ㅁ
날다	날지	나오	날아	날기	날더니	낢
만들다	만들지	만드오	만들어	만들기	만들더니	만듦

어미에 '-으-'를 더 넣고 어간의 'ㄹ'을 그대로 두는 형태도 많이 사용된다. 예컨대 '날으니(나니), 날으는(나는), 날은(난)'과 같이 말하거나 적는다. '-ㅁ'이 붙을 때도 '-으-'를 더 넣거나 거꾸로 'ㄹ'이 준 형태가 쓰이기도 한다. '만듦' 대신 '만들음'이나 '만듬'이라고 하는 것이다. 이렇게 '-으-'를 더 넣거나 '-ㄺ' 대신 '-ㅁ'으로 적는 것은 모두 규범적인 것으로 인정되지 않는다. ❶

(2) ~ (4) 어간의 끝 'ㅜ, ㅡ'는 뒤에 어미 '-아/-어'가 오면 'ㅜ, ㅡ'는 줄어든다. 모음과 모음이 만나면서 약한 쪽 모음인 'ㅜ, ㅡ'가 줄어드는 것이다. 'ㅜ'로 끝나는 용언 중에서 'ㅜ'가 줄어드는 것은 '푸다' 하나뿐이다. '꾸다, 두다, 주다, 추다' 등 다른 예들에서는 'ㅜ'가 줄어들지 않는다. '푸다'는 'ㅜ'로 끝나는 다른 용언들과 달리 옛날에는 '프다'이어서 'ㅡ'로 끝나는 용언이었다. 그때 'ㅡ'가 줄어든 것인데 이 습관이 남아 'ㅡ'가 'ㅜ'로 바뀐 후에도 어간의 끝 'ㅜ'가 여전히 줄어드는 것이다. 그래서 아래에서 보듯이 'ㅜ'로 끝나는 용언 중에서 '푸다'만 어미 '-어'가 붙을 때 모양이 다르다. 'ㅜ'는 음성 모음이므로 뒤에 어미 '-아'가 아닌 '-어'가 와야 함은 앞에서(주제 10) 설명했다.

푸다: 퍼 펐다   **꾸다:** 꾸어(꿔) 꾸었다(꿨다)
두다: 두어(둬) 두었다(뒀다) **주다:** 주어(줘) 주었다(줬다)
추다: 추어(춰) 추었다(췄다)

'ㅡ'로 끝나는 용언은 대부분 'ㅡ'가 줄어들고 어미 '-아/-어'가 이어진다. '르'로 끝나는 용언만 복잡하다. 세 가지 경우로 나뉜다.

㉮ '으'만 줄어든다.
㉯ 어간은 그대로이고 뒤에 '러'만 이어진다.
㉰ '으'가 줄어들면서 'ㄹ'이 앞 음절 받침이 되고 어미에 'ㄹ'이 덧붙는다.

㉮는 (2)에 해당한다. 'ㅡ'로 끝나는 대부분의 다른 용언들과 마찬가지로 'ㅡ'가 줄어들고 어미 '-아/-어'가 이어진다. '다다르다, 따르다, 우러르다, 치르다'가 여기에 해당한다.

다다르다: 다다라 다다랐다   **따르다:** 따라   따랐다
우러르다: 우러러 우러렀다   **치르다:** 치러   치렀다

㉯는 (3)에 해당한다. 어간은 변화가 없이 그대로이고 어미 '-어' 대신 '-러'가 이어진다. 도착한다는 뜻의 '이르다'와 색을 나타내는 '누르다', '푸르다'가 여기에 해당한다.

이르다: 이르러 이르렀다   **누르다:** 누르러 누르렀다
푸르다: 푸르러 푸르렀다

이들은 옛날에 '니를다(이르다), 누를다(누르다), 프를다(푸르다)'처럼 어간에 받침으로 'ㄹ'이 있던 말들이었다. 어간 받침의 'ㄹ'과 어미 '-어'가 합쳐져서 '-러'가 된 것이다. 현대로 오면서 어간은 받침의 'ㄹ'이 줄어들어 '이르다, 누르다, 푸르다'로 바뀌었지만 어미 '-어'와 결합한 '-러'는 그대로 남아 지금은 마치 어미 '-러'가 붙은 것처럼 보이는 것이다.

㉰는 (4)에 해당한다. 'ㅡ'가 줄면서 남은 'ㄹ'은 앞 음절의 받침으로 되고 뒤에 오는 어미 '-아/어'는 'ㄹ'이 덧붙어 '-라/-러'로 바뀐다. '-라'와 '-러' 중에서 어느 것을 선택하는가는 어미 '-아'와 '-어'의 선택 기준과 같다. 어미 '-아/-어'의 선택에 대해서는 앞에서(주제 10) 설명했다.

고르다:	골라	골랐다		**기르다:**	길러	길렀다
다르다:	달라	달랐다		**들르다:**	들러	들렀다
마르다:	말라	말랐다		**모르다:**	몰라	몰랐다
바르다:	발라	발랐다		**부르다:**	불러	불렀다
빠르다:	빨라	빨랐다		**오르다:**	올라	올랐다
자르다:	잘라	잘랐다		**지르다:**	질러	질렀다
흐르다:	흘러	흘렀다		**게으르다:**	게을러	게을렀다
서두르다:	서둘러	서둘렀다				

용언 어간이 '르'로 끝나는 단어 중에서 여기에 속하는 단어들이 제일 많다. 예로 제시한 단어들은 『기초사전』에서 초급 단어로 제시한 것 중에서 뽑은 것인데도 앞의 ㉮, ㉯에 속하는 단어들보다 훨씬 많다. 어간이 '르'로 끝나는 용언으로 『기초사전』에 실린 것이 140여 개인데 90%가 넘는 용언이 ㉰에 속한다.

도움말

❶
　용언 어간에 붙어 용언을 명사처럼 쓰이도록 만드는 명사형 어미는 '-ㅁ'과 '-음'이 있다. '-음'은 '-으'로 시작하는 다른 어미들처럼 'ㄹ'을 제외한 다른 자음 받침 뒤에 붙는다. 그리고 모음이나 'ㄹ' 받침 뒤에서는 '-ㅁ'이 붙는다. '먹다'는 어간이 'ㄱ'으로 끝나기 때문에 '-음'이 붙어 '먹음'이 된다. '가다'는 어간이 모음으로 끝나기 때문에 '-ㅁ'이 붙어 '감'이 된다. 'ㄹ' 받침도 '-ㅁ'이 붙기 때문에 '날다, 만들다'는 '낢, 만듦'이 된다.
　명사형 어미 '-ㅁ/-음'과 형태가 같은 것으로 명사를 만드는 접미사 '-ㅁ/-음'이 있다. 이 접미사가 붙으면 단어로 인정이 되고 품사가 명사가 되므로 명사처럼 쓰이도록 만드는 명사형 어미와 다르다. 이 접미사도 '-ㅁ'과 '-음'이 붙는 조건이 명사형 어미와 비슷하다. 그래서 '믿다, 죽다'와 같은 자음 받침 뒤에는 '-음'이 붙어 '믿음, 죽음'이 된다. '기쁘다, 꾸다'와 같이 모음으로 끝나는 어간에는 '-ㅁ'이 붙어 '기쁨, 꿈'이 된다. 다만 'ㄹ' 받침은 혼란스럽다. '살다, 알다'는 '-ㅁ'이 붙어 '삶, 앎'이 되지만 '얼다, 울다'는 '-음'이 붙어 '얼음, 울음'이 된다. '-ㅁ'이 붙기도 하고 '-음'이 붙기도 한다. '얼다, 울다'에 명사형 어미가 붙으면 '얾, 욺'이 된다. 그래서 명사형 어미로 문장을 끝내려면 '얼음이 얾, 울음을 욺'처럼 적어야 한다.
　한국어 모어 화자들이 흔히 잘못 적는 표기 중에 '물건 있슴/없슴'이라고 할 때의 '있슴, 없슴'이 있다. 이것도 '있다, 없다'라는 용언에 명사형 어미 '-음'이 붙은 것이므로 '있음, 없음'이라고 적어야 한다.
　「표준어 규정」 제17항에서 전에는 구분하여 사용하던 '-읍니다/-습니다'를 '-습니다'만 표준어로 인정하였다. 그래서 '-읍니다'로 적거나 발음하지 않아야 한다. 이로 인해 '있음, 없음'의 '-음'도 '음' 대신 '슴'으로 적어야 한다고 오해해서 '있슴, 없슴'으로 잘못 적는 경우가 많다.

12. 어미 활용(2)

다음과 같은 용언들은 어미가 바뀔 경우, 그 어간이나 어미가 원칙에 벗어나면 벗어나는 대로 적는다.(【맞】제18항)

(5) 어간의 끝 'ㅂ'이 'ㅜ'로 바뀔 적

단어	-아/-어	-으니	-았다/-었다
깁다	기워	기우니	기웠다
굽다	구워	구우니	구웠다
가깝다	가까워	가까우니	가까웠다
괴롭다	괴로워	괴로우니	괴로웠다
돕다	도와	도우니	도왔다
맵다	매워	매우니	매웠다
무겁다	무거워	무거우니	무거웠다
밉다	미워	미우니	미웠다
쉽다	쉬워	쉬우니	쉬웠다

(6) 어간의 끝 'ㅅ'이 줄어질 적

단어	-아/-어	-으니	-았다/-었다
긋다	그어	그으니	그었다
낫다	나아	나으니	나았다
잇다	이어	이으니	이었다
짓다	지어	지으니	지었다

(7) 어간의 끝 'ㄷ'이 'ㄹ'로 바뀔 적

단어	-아/-어	-으니	-았다/-었다
걷다	걸어	걸으니	걸었다
듣다	들어	들으니	들었다
묻다	물어	물으니	물었다
싣다	실어	실으니	실었다

(8) 어간의 끝 'ㅎ'이 줄어질 적

단어	-아/-어	-으니	-을	-으면	-았다/-었다
그렇다	그래	그러니	그럴	그러면	그랬다
저렇다	저래	저러니	저럴	저러면	저랬다
까맣다	까매	까마니	까말	까마면	까맸다
꺼멓다	꺼메	꺼머니	꺼멀	꺼머면	꺼멨다
동그랗다	동그래	동그라니	동그랄	동그라면	동그랬다
둥그렇다	둥그레	둥그러니	둥그럴	둥그러면	둥그렜다
빨갛다	빨개	빨가니	빨갈	빨가면	빨갰다
뻘겋다	뻘게	뻘거니	뻘걸	뻘거면	뻘겠다
하얗다	하얘	하야니	하얄	하야면	하얬다
허옇다	허예	허여니	허열	허여면	허옜다

(9) '하다'의 활용에서 어미 '아'가 '여'로 바뀔 적

단어	-아/-어	-아서/-어서	-아도/-어도	-아라/-어라	-았다/-었다
하다	하여	하여서	하여도	하여라	하였다

(5) ~ (7)은 뒤에 모음으로 시작하는 어미가 올 때 어간의 모양이 바뀌는 것들이다. (5)는 'ㅂ'으로 끝나는 어간이고, (6)은 'ㅅ'으로 끝나는 어간, (7)은 'ㄷ'으로 끝나는 어간이다. 그렇지만 어간의 끝이 'ㄷ, ㅂ, ㅅ'으로 끝난다고 모두 뒤에 모음으로 시작하는 어미가 올 때 똑같이 변하는 것은 아니다. 일부 용언은 뒤에 모음으로 시작하는 어미가 와도 어간의 모양이 바뀌지 않는다. 그래서 받침의 'ㄷ, ㅂ, ㅅ'이 뒤에 모음으로 시작하는 어미가 와도 그대로 표기되는 것은 규칙 용언이라 하고 예시에서 든 것처럼 어간의 모양이 바뀌는 것은 불규칙 용언이라고 하여 구분한다.

(5) 어간의 끝이 'ㅂ'인 용언 중에서 뒤에 모음으로 시작하는 어미가 올 때 'ㅜ'로 바뀌는 것들이 있다. 이렇게 바뀌는 용언들은 ㅂ 불규칙 용언이라고 한다. 불규칙 용언에 속하는 단어를 일부 제시하면 아래와 같다.

- 눕다 덥다 돕다 맵다 쉽다 줍다 춥다 가깝다 가볍다 고맙다 귀엽다 그립다 더럽다 두껍다 뜨겁다 무겁다 무섭다 반갑다 부럽다 싱겁다 어둡다 어렵다 즐겁다 차갑다 부끄럽다 부드럽다 시끄럽다
- **'-답다'로 끝나는 말**: 아름답다 정답다
- **'-롭다'로 끝나는 말**: 새롭다 외롭다 까다롭다 날카롭다
- **'-스럽다'로 끝나는 말**: 걱정스럽다 고급스럽다 사랑스럽다 조심스럽다 촌스럽다

이들 용언은 위의 예시에서 보듯이 뒤에 '-어'로 시작하는 어미가 오면 합쳐 '워'로 되며 '-으'로 시작하는 어미가 오면 합쳐 '우'로 된다.

이와 달리 아래의 단어들은 뒤에 모음으로 시작하는 어미가 와도 'ㅜ'

로 바뀌지 않으며 그대로 모음 어미를 이어 주면 된다.

뽑다 씹다 입다 잡다 접다 좁다

이것들은 ㅂ 규칙 용언이다.

ㅂ 불규칙 용언과 ㅂ 규칙 용언이 모음으로 시작하는 어미 앞에서 어떻게 다른지 몇 개의 예로 비교하면 아래와 같다.

유형	단어	-아/-어	-으니	-았다/-었다
ㅂ 불규칙	깁다	기워	기우니	기웠다
	굽다	구워	구우니	구웠다
	밉다	미워	미우니	미웠다
ㅂ 규칙	뽑다	뽑아	뽑으니	뽑았다
	씹다	씹어	씹으니	씹었다
	입다	입어	입으니	입었다

같은 'ㅂ'인데도 모음으로 시작하는 어미 앞에서 형태가 다른 이유는 옛날에는 이 둘이 달랐기 때문이다. ㅂ 불규칙 용언은 옛날에는 'ㅸ'이 받침에 있던 말이다. 시간이 흐르면서 'ㅸ'이 받침에서는 'ㅂ'으로 바뀌고 모음 어미 앞에서는 'ㅜ'로 바뀌어 불규칙 용언이 되었다. 규칙 용언에 속하는 'ㅂ'은 옛날에도 'ㅂ'이 받침에 있던 말이다.

예전에는 ㅂ 불규칙 용언은 뒤에 어미 '-아/-어'가 올 때 모음 조화를 지켰다. 어미 '-아/-어'와 모음 조화에 대해서는 앞에서(주제 10, 90쪽) 설명했다. 뒤에 어미 '-아/-어'가 올 때 어간이 양성 모음이면 'ㅘ'로 적었고 어간이 음성 모음이면 'ㅝ'로 적었다. 예를 들어 '가깝다'는 어간이 양성 모음이어서 '가까와, 가까왔다'로 적었고 '두렵다'는 어간이 음성 모음이어서 '두려워, 두려웠다'로 적었다. ❶

맞춤법이 개정되면서 모음 조화를 인정하지 않아 모두 'ㅝ'로 적는 것으로 바뀌었다. 「한글 맞춤법」 개정 이전에 배운 습관 때문에 아직도 간혹 '가까와, 가까왔다'처럼 적는 사람들이 있다. '돕다, 곱다'만은 예외로 'ㅘ'로 적는다.([맞]제18항 6. 다만) 한국어 모어 화자들이 [도워], [고워]라고 발음하지 않았기 때문인 것으로 보인다.

'돕다, 곱다'에 '-아/-어'로 시작하는 어미가 붙을 때의 형태 몇 개를 아래에 제시한다. 비교를 위해 '가깝다, 괴롭다'도 함께 제시한다.

단어	-아/-어	-아서/-어서	-았다/-었다	-으니
돕다	도와	도와서	도왔다	도우니
곱다	고와	고와서	고왔다	고우니
가깝다	가까워	가까워서	가까웠다	가까우니
괴롭다	괴로워	괴로워서	괴로웠다	괴로우니

형태가 동일하지만 뜻에 따라 ㅂ 불규칙 용언과 ㅂ 규칙 용언으로 나뉘는 것들도 있다. 사전에서는 이들을 별개의 단어로 구분하여 싣는다.

· 곱다

　　꽃의 색깔이 참 **고왔다**. / 허리가 점점 **곱았다**.

• 굽다

불에 고기를 구웠다. / 길이 왼쪽으로 굽었다.

(6) 어간의 끝이 'ㅅ'인 용언 중에서 뒤에 모음으로 시작하는 어미가 올 때 'ㅅ'이 줄어서 모음으로 끝나는 것처럼 바뀌는 것들이 있다. 이렇게 바뀌는 용언들은 ㅅ 불규칙 용언이라고 한다.

긋다 낫다 붓다 잇다 젓다 짓다

이와 달리 아래의 단어들은 뒤에 모음으로 시작하는 어미가 와도 'ㅅ'이 줄지 않으며 그대로 모음 어미를 이어 주면 된다.

벗다 빗다 뺏다/빼앗다 솟다 씻다 웃다

이것들은 ㅅ 규칙 용언이다.

ㅅ 불규칙 용언과 ㅅ 규칙 용언이 모음으로 시작하는 어미 앞에서 어떻게 다른지 몇 개의 예로 비교하면 아래와 같다.

유형	단어	-아/-어	-으니	-았다/-었다
ㅅ 불규칙	긋다	그어	그으니	그었다
	낫다	나아	나으니	나았다
	잇다	이어	이으니	이었다
ㅅ 규칙	벗다	벗어	벗으니	벗었다
	빗다	빗어	빗으니	빗었다
	뺏다	뺏어	뺏으니	뺏었다

같은 'ㅅ'인데도 모음으로 시작하는 어미 앞에서 형태가 다른 이유는 옛날에는 이 둘이 달랐기 때문이다. ㅅ 불규칙 용언은 옛날에는 'ㅿ'이 받침에 있던 말이다. 시간이 흐르면서 'ㅿ'이 받침에서는 'ㅅ'으로 바뀌고 모음 어미 앞에서는 줄어들어 불규칙 용언이 되었다. 규칙 용언에 속하는 'ㅅ'은 옛날에도 'ㅅ'이 받침에 있던 말이다.

ㅅ 불규칙 용언 중에서 '긋다'의 경우는 받침의 'ㅅ'이 줄어 어간이 '그'가 되면 어간이 'ㅡ'로 끝나는 용언과 겉모습이 같게 된다. 앞에서(주제 11, 101쪽) 설명한 것처럼 어간이 'ㅡ'로 끝나는 용언은 어미 '-아/-어'가 이어질 때 'ㅡ'가 줄어든다. 이와 마찬가지로 '그어'도 'ㅡ'를 줄여 [그어]가 아니라 [거]라고 말하기도 한다. 그런데 '그어'는 '거'로 주는 것을 인정하지 않기 때문에 [거]라고 말하거나 '거'라고 적는 것은 규범적인 것으로 인정이 되지 않는다.

(7) 어간의 끝이 'ㄷ'인 용언 중에서 뒤에 모음으로 시작하는 어미가 올 때 'ㄹ'로 바뀌는 것들이 있다. 이렇게 바뀌는 용언들을 ㄷ 불규칙 용언이라고 한다.

듣다 싣다 깨닫다 일컫다

이와 달리 아래의 단어들은 뒤에 모음으로 시작하는 어미가 와도 'ㄷ'이 'ㄹ'로 바뀌지 않으며 그대로 모음 어미를 이어 주면 된다.

곧다 굳다 닫다 뜯다 믿다 받다 뻗다 쏟다 얻다

이것들은 ㄷ 규칙 용언이다.

ㄷ 불규칙 용언과 ㄷ 규칙 용언이 모음으로 시작하는 어미 앞에서 어떻게 다른지 몇 개의 예로 비교하면 아래와 같다.

유형	단어	-아/-어	-으니	-았다/-었다
ㄷ 불규칙	듣다	들어	들으니	들었다
	싣다	실어	실으니	실었다
	깨닫다	깨달아	깨달으니	깨달았다
ㄷ 규칙	곧다	곧아	곧으니	곧았다
	굳다	굳어	굳으니	굳었다
	닫다	닫아	닫으니	닫았다

같은 'ㄷ'인데도 모음으로 시작하는 어미 앞에서 형태가 다른 원인은 아직 확실하게 밝혀지지 않았다.

'ㄷ' 받침 용언에서도 형태가 동일하지만 뜻에 따라 ㄷ 불규칙 용언과 ㄷ 규칙 용언으로 나뉘는 것들이 있다.

- 걷다

  차를 타지 않고 학교에서 집까지 걸었다. / 물에 젖지 않게 바지를 걷었다.

- 묻다

  지나가는 사람에게 길을 물었다. / 옷에 먼지가 묻었다. 시신을 땅에 묻었다.

(8) 어간의 끝이 'ㅎ'인 용언 중에서 'ㅎ'이 줄어서 모음으로 끝나는 것처

럼 바뀌는 것들이 있다. 주로 뒤에 모음으로 시작하는 어미가 올 때 'ㅎ'이 준다. 이들은 모두 형용사이며 동사는 없다. 이렇게 바뀌는 용언들을 ㅎ 불규칙 용언이라고 한다. 여기서 속하는 용언들은 두 가지 종류로 나눌 수 있다. ❷

- '그렇다' 종류

  그렇다 이렇다 저렇다 고렇다 요렇다 조렇다 아무렇다 어떻다

- '까맣다' 종류

  까맣다 꺼멓다 노랗다 누렇다 빨갛다 뻘겋다 파랗다 퍼렇다

  하얗다 허옇다 동그랗다 둥그렇다

이와 달리 아래의 단어들은 뒤에 모음으로 시작하는 어미가 와도 'ㅎ'이 줄지 않으며 그대로 모음 어미를 이어 주면 된다.

좋다 낳다 넣다 놓다 닿다 쌓다

이것들은 ㅎ 규칙 용언이다. 위에서 ㅎ 불규칙 용언은 모두 형용사라고 하였다. ㅎ 규칙 용언 중에서는 '좋다'만 형용사이다. 나머지는 동사이다.

ㅎ 불규칙 용언과 ㅎ 규칙 용언이 모음으로 시작하는 어미 앞에서 어떻게 다른지 몇 개의 예로 비교하면 아래와 같다.

유형	단어	-아/-어	-으니	-았다/-었다
ㅎ 불규칙	그렇다	그래	그러니	그랬다
	까맣다	까매	까마니	까맸다
	꺼멓다	꺼메	꺼머니	꺼멨다
ㅎ 규칙	좋다	좋아	좋으니	좋았다
	넣다	넣어	넣으니	넣었다
	쌓다	쌓아	쌓으니	쌓았다

'그렇다'에 속하는 용언들과 '까맣다'에 속하는 용언들은 어미 '-아/-어'로 시작하는 어미가 붙을 때 활용하는 모습이 차이가 있다.

'까맣다'에 속하는 용언들은 '-아/-어'와 결합할 때 모음 조화에 따라 선택이 달라진다. 'ㅎ'이 준 상태에서 어간의 마지막 음절의 모음에 'ㅣ'를 덧붙여 적는 것은 같다. 그렇지만 어간이 양성 모음으로 끝나면 그 양성 모음 뒤에 'ㅣ'를 덧붙이고 어간이 음성 모음으로 끝나면 그 음성 모음 뒤에 'ㅣ'를 덧붙인다.

ㅏ + ㅣ → ㅐ : 까맣다 → 까매 빨갛다 → 빨개 동그랗다 → 동그래

ㅑ + ㅣ → ㅒ : 하얗다 → 하얘

ㅓ + ㅣ → ㅔ : 꺼멓다 → 꺼메 뻘겋다 → 뻘게 둥그렇다 → 둥그레

ㅕ + ㅣ → ㅖ : 허옇다 → 허예

이와 달리 '그렇다'에 속하는 것들은 어간의 마지막 음절의 모음과 상관없이 'ㅐ'로 바꾼다. 모음 조화를 지키지 않는다. '그렇다'의 경우는 '그래'가 된다. '둥그렇다'는 '둥그레'라고 적는 것과 비교된다.

ㅓ → ㅐ : 그렇다 → 그래 이렇다 → 이래 어떻다 → 어때

ㅎ 불규칙 용언과 ㅎ 규칙 용언이 다른 이유는 ㅎ 불규칙 용언에 속하는 용언들은 'ㅎ다'('하다'의 옛날 형태)가 붙은 말이 줄어서 생긴 말이기 때문이다. 예를 들어 '누렇다'는 '누러ㅎ다'라는 옛말에서 줄어든 말이다. ㅎ 규칙 용언인 '좋다'는 옛날에도 '둏다'로 이미 받침으로 'ㅎ'이 있었다. ㅎ 불규칙 용언이 모음 어미 앞에서 독특하게 바뀌는 것은 '하다'가 줄어든 말이라는 특성과 관련이 있다. ❸

(9) '하다'는 뒤에 어미 '-아/-어'가 와야 할 때 독특하게 어미가 '-여'로 된다. 그래서 여 불규칙 용언이라고 한다. '하다'처럼 어간이 'ㅏ'로 끝나는 다른 용언들은 뒤에 어미 '-아'가 오면 'ㅏ아'로 동일한 모음이 이어지게 되어 'ㅏ' 하나로 준다. 예를 들어 '가다'는 어미 '-아'가 오면 '가'가 된다. 이에 대해서는 뒤에서(주제 16, 147쪽) 다룬다. 그런데 오직 '하다'만 어미 '-아/-어'가 와야 할 때 '하'가 아니라 '하여'(또는 더 줄어 '해')로 된다.

어미가 '-여'가 되는 것은 '하다' 하나뿐이다. 그런데 '하다'는 다른 말에 붙어 아래처럼 매우 많은 복합어를 만든다.

간단하다 궁금하다 귀여워하다 기뻐하다 분명하다 섭섭하다 적당하다 착하다……

이들 많은 복합어들도 '하다'로 끝나기 때문에 모두 어미로 '-여'가 결합한다. 그래서 '간단하여, 궁금하여, 귀여워하여'처럼 사용된다. '-여'가 붙는 단어는 하나지만 '하다'가 쓰이는 일이 많으니 '하여'를 쓸 일은 매우

많다.

지금까지 보았듯이 용언에서 어간과 어미가 만났을 때 변화가 다양하다. 한국어를 배울 때 매우 어려운 부분에 속한다. 그렇지만 지금까지 설명하면서 예로 들었던 단어를 모두 외울 필요는 없다. 사전에서 이에 대한 정보를 제공하기 때문이다. 『기초사전』에서도 모든 용언에 대해 기본적으로 어미 '-아/-어, -으니/-니'가 붙은 형태를 제시한다. 그래서 지금까지 설명한 것을 이해만 하면 사전만 찾아도 어느 정도는 어미가 활용할 때 어떻게 적어야 할지 알 수 있다.

지금까지 다룬 예 중에서 몇 개에 대해 『기초사전』에서 제공하는 정보를 제시하면 아래와 같다.

- 날다('ㄹ'): **날아**[나라], **나니**, 납니다[남니다]
- 푸다('ㅜ'): **퍼**, **푸니**
- 끄다('ㅡ'): **꺼**, **끄니**
- 푸르다('르'): 푸른[푸른], **푸르러**[푸르러], **푸르니**[푸르니], 푸릅니다[푸름니다]
- 가르다('-라/-러'): **갈라**, **가르니**
- 깁다(ㅂ 불규칙): **기워**, **기우니**, 깁는[김는]
- 뽑다(ㅂ 규칙): **뽑아**[뽀바], **뽑으니**[뽀브니], 뽑는[뽐는]
- 긋다(ㅅ 불규칙): **그어**, **그으니**, 긋는[근는]
- 벗다(ㅅ 규칙): **벗어**[버서], **벗으니**[버스니], 벗는[번는]
- 걷다(ㄷ 불규칙): **걸어**[거러], **걸으니**[거르니], 걷는[건는]
- 굳다(ㄷ 규칙): **굳어**[구더], **굳으니**[구드니], 굳는[군는]
- 그렇다(ㅎ 불규칙): 그런[그런], **그래**[그래], **그러니**[그러니], 그렇습니다[그러씀니다]

- **까맣다**(ㅎ 불규칙): 까만[까만], 까매[까매], 까마니[까마니], 까맣습니다[까마씀니다]
- **낳다**(ㅎ 규칙): 낳아[나아], 낳으니[나으니], 낳는[난는], 낳았습니다[나아씀니다]
- **하다**(여 불규칙): 하여(해[해]), 하니

색으로 표시한 부분이 '-아/-어, -으니/-니'가 결합한 활용 예이다. [ ] 안에는 발음이 제시되었다. 마지막 '하다'에서 볼 수 있듯이 더 줄어드는 형태가 있으면 ( ) 안에 제시하였다. 용언과 어미가 결합할 때 더 줄어드는 것도 까다로운 면이 있다. 이에 대해서는 뒤에서(주제 16) 다룬다. 그리고 '-아/-어, -으니/-니'가 결합한 예 외에 각각의 용언에서 제시할 필요가 있다고 판단되는 활용 예를 더 추가하였다.

도움말

❶
ㅂ 불규칙 용언과 어미 '-아/-어'가 만났을 때 어간의 모음에 따라 'ㅘ'나 'ㅝ'로 적으면 'ㅘ'와 'ㅝ'가 전혀 다른 소리처럼 보인다. 그런데 'ㅘ'와 'ㅝ'는 실제로는 반모음 w에 각각 'ㅏ'와 'ㅓ'가 결합한 이중 모음이다. 그러므로 정확하게 말한다면 ㅂ 불규칙 용언의 받침 ㅂ은 어미 '-아/-어' 앞에서 'ㅜ'가 아니라 반모음 w로 바뀐다고 해야 한다. 한글에서는 반모음 w가 'ㅏ'나 'ㅓ'와 만나 이중 모음이 될 때 'ㅘ'와 'ㅝ'로 적도록 되어 있기 때문에 다른 소리처럼 보일 수밖에 없다.

❷
ㅎ 불규칙 용언은 모음 어미 앞에서뿐만 아니라 특이하게 어미 '-네' 앞에서도 줄어든다. 『한글 맞춤법 해설』에서는 '노랗다'에 어미 '-네'가 이어지면 'ㅎ'이 줄어든 '노라네'로 적어야 한다고 하였다. 국립국어원에서는 2015년에 불규칙 용언 활용의 체계성과 현실의 쓰임을 반영하여 '-네' 앞에서 'ㅎ'이 줄지 않는 형태도 복수 표준어로 인정하였다. 이에 따라 어미 '-네'와 결합할 때 ㅎ 불규칙 용언은 'ㅎ'이 주는 형태와 'ㅎ'이 줄지 않는 형태의 두 가지 방식으로 적을 수 있다. 즉, '노라네'라고 해도 되고 '노랗네'라고 해도 된다.

❸
어미는 크게 세 종류로 나뉜다.
- **자음으로 시작하는 어미:** '-고, -기, -다, -자' 등
- **'-아/-어' 모음으로 시작하는 어미:** '-아/-어', '-아도/-어도', '-아서/-어서', '-아야/-어야', '-았-/-었-' 등
- **'-으' 모음으로 시작하는 어미:** '-으니, -으면, -은, -을, -음' 등

지금까지 보았듯이 어떤 용언 어간은 이 세 종류의 어미 중에서 특정한 어미가 이어질 때만 독특한 모습을 보이기도 한다.

'-으' 모음으로 시작하는 어미는 용언 어간이 'ㄹ'을 제외한 자음으로 끝나면 '-으니(연결 어미), -으면, -을' 등으로 어간과 결합한다. 그리고 용언 어간이 'ㄹ'이나 모음으로 끝나면 '으'가 준 '-니(연결 어미), -면, -ㄹ' 등으로 어간과 결합한다. 몇 개의 예를 제시하면 아래와 같다.

- 'ㄹ'을 제외한 자음 어간

단어	-으니	-으면	-을
먹다	먹으니	먹으면	먹을
좋다	좋으니	좋으면	좋을

- 'ㄹ'과 모음 어간

단어	-니	-면	-ㄹ
쉬다	쉬니	쉬면	쉴
주다	주니	주면	줄
날다	나니	날면	날

ㅎ 불규칙 용언도 자음 'ㅎ'으로 끝나므로 '-으니, -으면, -을'과 결합한다고 보아야 한다. 위의 '좋다'와 같다.

단어	-으니	-으면	-을
그렇다	그러니	그러면	그럴
까맣다	까마니	까마면	까말
꺼멓다	꺼머니	꺼머면	꺼멀

그런데 어미와 결합된 모습을 보면 ㅎ 불규칙 용언은 독특하게 'ㅎ'뿐만 아니라 '-으-'도 보이지 않는다. 'ㅎ'도 줄고 '-으-'도 주는 것이다. '-으-'가 줄지 않는 다른 자음 어간과는 다른 모습을 보인다.

13. 복합어에서의 소리 변화

(1) 끝소리가 'ㄹ'인 말과 딴 말이 어울릴 적에 'ㄹ' 소리가 나지 아니하는 것은 아니 나는 대로 적는다.(【맞】제28항)

다달이(←달+달+-이)   따님(←딸+-님)   마소(←말+소)
바느질(←바늘+-질)   부삽(←불+삽)   소나무(←솔+나무)
여닫이(←열-+닫+-이)   우짖다(←울-+짖다)   화살(←활+살)

(2) 두 말이 어울릴 적에 'ㅂ' 소리나 'ㅎ' 소리가 덧나는 것은 소리대로 적는다.(【맞】제31항)

(가) 'ㅂ' 소리가 덧나는 것

볍씨(←벼+씨)   접때(←저+때)   좁쌀(←조+쌀)
햅쌀(←해-+쌀)   부릅뜨다(←부르+뜨다)   휩싸다(←휘-+싸다)
휩쓸다(←휘-+쓸다)

(나) 'ㅎ' 소리가 덧나는 것

머리카락(←머리+가락)   살코기(←살+고기)   수컷(←수+것)
안팎(←안+밖)   암컷(←암+것)

(1) 한국어에서 'ㄹ' 받침은 뒤에 오는 소리에 따라 'ㄹ'이 줄어드는 예가 많다. 앞에서(주제 11, 99쪽) 용언 어간의 끝 'ㄹ'이 주는 사례를 설명했지만 복합어에서도 'ㄹ'은 흔히 줄어든다.

복합어에서는 뒤에 'ㄴ, ㄷ, ㅅ, ㅈ'이 오면 'ㄹ' 받침이 줄어든다. 이 경우는 어법에 맞도록 적지 않고 소리대로 적는 기준을 적용하여 'ㄹ'이 준 대로 적는다.

- ㄴ 앞에서 줄어든 예

  겨우내(←겨울+내) 나날이(←날+날+-이) 소나무(←솔+나무)
  버드나무(←버들+나무) 따님(←딸+-님) 아드님(←아들+-님)
  하느님(←하늘+-님)

- ㄷ 앞에서 줄어든 예

  다달이(←달+달+-이) 여닫이(←열-+닫-+-이) 미닫이(←밀-+닫-+-이)
  가느다랗다(←가늘-+-다랗다) 기다랗다(←길-+-다랗다)

- ㅅ 앞에서 줄어든 예

  마소(←말+소) 부삽(←불+삽) 화살(←활+살)

- ㅈ 앞에서 줄어든 예

  바느질(←바늘+-질) 우짖다(←울-+짖다) 이부자리(←이불+자리)

'ㄹ'은 뒤에 'ㄴ, ㄷ, ㅅ, ㅈ'이 오면 무조건 줄어드는 것은 아니다. 어떤 단어에서는 줄어들지 않는다. 그리고 지금 새로 쓰기 시작하는 말에서는

'ㄹ'이 줄어들지 않는다. 'ㄹ'이 줄어드는 단어들은 예전부터 써 오던 것들이다. 아래는 줄어들지 않는 예들이다.

**설날 달님 겨울나무 사철나무 발등 팔다리 돌솥 털실 발길질
발자국 술집**

단어에 따라서는 ㄹ이 준 형태와 줄지 않은 형태가 다 사용되기도 한다. 『기초사전』에서는 '소나무'가 예가 된다. '소나무'를 많이 쓰기는 하지만 ㄹ이 줄지 않은 '솔나무'도 규범적인 것으로 인정된다. 『기초사전』에 두 단어가 모두 올라 있다.

'ㄹ'이 줄어드는 것은 대부분 고유어에만 적용이 된다. 한자어는 고유한 음이 있기 때문에 'ㄹ'이 대부분 줄어들지 않는다. 외래어는 비교적 최근에 들어온 말들인데 앞에서 지적했듯이 지금 새로 쓰기 시작하는 말에서는 ㄹ이 줄어들지 않기 때문에 ㄹ이 줄어든 예가 없다.

한자어 중에서 '不'은 예외이다. '불'로 발음하지만 뒤에 'ㄷ, ㅈ'이 올 때는 '부'로 발음한다. 그리고 뒤에 'ㅅ'이 올 때는 '부실(不實)'처럼 'ㄹ'이 줄 때도 있지만 '불성실(不誠實), 불신(不信)'처럼 'ㄹ'이 줄지 않는 단어가 더 많다.

- **'ㄹ'이 줄어든 예**
  부당(不當) 부도덕(不道德) 부동산(不動産) 부실(不實) 부재(不在)
  부정확(不正確) 부족(不足) 부주의(不注意)

- 'ㄹ'이 줄어들지 않은 예

  불가능(不可能) 불규칙(不規則) 불량(不良) 불리(不利) 불만족(不滿足)

  불법(不法) 불성실(不誠實) 불신(不信) 불완전(不完全) 불이익(不利益)

  불충분(不充分) 불친절(不親切) 불쾌(不快) 불투명(不透明) 불편(不便)

  불필요(不必要) 불행(不幸) 불확실(不確實)

(2가) 'ㅂ' 소리가 덧나는 것은 뒷말이 옛날에 단어 첫머리에 'ㅂ' 소리를 가지고 있던 때의 흔적이다. 예시로 제시된 '볍씨'의 '씨', '접때'의 '때', '좁쌀'의 '쌀'은 옛날에 '삐, 빼, 쌀'로 적었다. '부릅뜨다'의 '뜨다'와 '휩싸다'의 '싸다', '휩쓸다'의 '쓸다'도 '뜨다, 뿟다, 쓸다'로 적었다. 모두 단어 첫머리에 'ㅂ' 소리를 가지고 있던 단어들이다.

벼+씨 → 볍씨   저+때 → 접때   조+쌀 → 좁쌀

부르+뜨다 → 부릅뜨다   휘+뿟다 → 휩싸다   휘+쓸다 → 휩쓸다

단어 첫머리에 'ㅂ' 소리를 가지고 있던 말은 지금으로 오면서 단어 첫머리 소리가 모두 된소리로 바뀌었다. 그렇지만 옛날에 'ㅂ'으로 나던 소리는 앞말의 받침으로 남았다. 그 결과 마치 [ㅂ] 소리가 덧나는 것처럼 보이는 것이다. ❶

(2나) 'ㅎ' 소리가 덧나는 것은 (2가)의 'ㅂ'과 달리 앞에 오는 소리가 단어 끝에 'ㅎ' 소리를 가지고 있던 때의 흔적이다. '살코기', '수컷', '안팎', '암컷'의 '살', '수', '안', '암'은 옛날에 'ㅎ'이 받침으로 있었다. '머리카락'에서도 'ㅎ'이 확인되지만 '머리'는 'ㅎ'이 받침으로 없던 말이라 차이가 있다.

앞에서(주제 2, 46쪽) 설명했듯이 받침의 'ㅎ'은 이어지는 'ㄱ, ㄷ, ㅈ'과 만나면 합쳐져서 거센소리가 된다. 'ㅂ'과 만나도 합쳐져서 거센소리가 된다. 그래서 받침에 있는 'ㅎ'이 뒤에 오는 '고, 것, 밖' 등의 'ㄱ, ㅂ'과 만나 'ㅋ, ㅍ'이 되어 '코기(고기), 컷(것), 팎(밖)'이 되었다.

삻+고기 → 살코기   슿+것 → 수컷
앓+것 → 암컷   않+밖 → 안팎

옛날에 'ㅎ' 받침으로 있던 말들은 현대로 오면서 'ㅎ'이 줄어들었다. 지금은 '살, 수, 암, 안'이라고 적고 그렇게 발음한다. 그렇지만 'ㅎ'의 흔적은 예시에서 제시한 복합어에 남아 있어 지금 보면 마치 [ㅎ] 소리가 덧나는 것처럼 보이는 것이다. '수', '암'이 뒷말과 결합할 때 거센소리가 나는 예들은 더 있는데 뒤에서(주제 21) 다룬다.

도움말

 '부릅뜨다'의 '부르'는 '부르짖다, 부르쥐다'에서도 쓰이는 '부르'이며 '휩싸다, 휩쓸다'의 '휘-'는 '휘감다, 휘날리다, 휘두르다, 휘말리다, 휘젓다'에서도 쓰이는 접두사 '휘-'이다.

14. 사이시옷

사이시옷은 다음과 같은 경우에 받치어 적는다.(【맞】제30항)

(1) 고유어로 된 합성어로서 앞말이 모음으로 끝난 경우

　(가) 뒷말의 첫소리가 된소리로 나는 것

　　냇가(← 내+가)[내까]　　뒷걸음(← 뒤+걸음)[뒤꺼름]　　뱃길(← 배+길)[배낄]
　　뱃속(← 배+속)[배쏙]　　쇳조각(← 쇠+조각)[쇠쪼각]　　아랫집(← 아래+집)[아래찝]
　　콧등(← 코+등)[코뜽]　　햇빛(← 해+빛)[해삗]

　(나) 뒷말의 첫소리 'ㄴ, ㅁ' 앞에서 'ㄴ' 소리가 덧나는 것

　　뒷모습(← 뒤+모습)[뒨모습]　　　빗물(← 비+물)[빈물]
　　아랫니(← 아래+이)[아랜니] ❶　　잇몸(← 이+몸)[인몸]
　　콧노래(← 코+노래)[콘노래]

　(다) 뒷말의 첫소리 모음 앞에서 'ㄴㄴ' 소리가 덧나는 것

　　깻잎(← 깨+잎)[깬닙]　　나뭇잎(← 나무+잎)[나문닙]　　뒷일(← 뒤+일)[뒨닐]

(2) 고유어와 한자어로 된 합성어로서 앞말이 모음으로 끝난 경우

　(가) 뒷말의 첫소리가 된소리로 나는 것

　　깃발(← 기(旗)+발)[기빨]　　　　　　뒷방(← 뒤+방(房))[뒤빵]
　　부잣집(← 부자(富者)+집)[부자찝]　　이삿짐(← 이사(移徙)+짐)[이사찜]
　　전셋값(← 전세(傳貰)+값)[전세깝]　　칫솔(← 치(齒)+솔)[치쏠]
　　햇수(← 해+수(數))[해쑤]

(나) 뒷말의 첫소리 'ㄴ, ㅁ' 앞에서 'ㄴ' 소리가 덧나는 것

    뒷문(← 뒤 + 문(門))[된문]   수돗물(← 수도(水道) + 물)[수돈물]

    존댓말(← 존대(尊待) + 말)[존댄말]   훗날(← 후(後) + 날)[훈날]

(다) 뒷말의 첫소리 모음 앞에서 'ㄴㄴ' 소리가 덧나는 것

    예삿일(← 예사(例事) + 일)[예산닐]   찻잎(← 차(茶) + 잎)[찬닙]

(3) 두 음절로 된 다음 한자어

    곳간(← 고간(庫間))[고깐]   셋방(← 세방(貰房))[세빵]

    숫자(← 수자(數字))[수짜]   찻간(← 차간(車間))[차깐][13]

    툇간(← 퇴간(退間))[퇴깐][14]   횟수(← 회수(回數))[회쑤]

    사이시옷은 둘 이상의 단어가 결합하여 합성어가 될 때 원래의 말에는 없던 특정한 소리가 나면 앞말의 받침으로 'ㅅ'을 적어 주는 것을 말한다. 아래에서 밝히는 4가지 조건에 모두 맞아야 받침으로 ㅅ을 적을 수

---

13 찻간(車間): 기차나 버스에서 사람이 타는 칸.

14 툇간(退間): 본래의 집채 밖에 다른 기둥을 세워 붙여 놓은 칸.

있다.

첫째, 특정한 소리가 나야 한다.
(1)과 (2)로 나누었지만 특정한 소리가 나는 기준은 똑같다. 특정한 소리는 아래의 세 가지 중 하나이면 된다. (1), (2)에 제시된 예시에 맞춰 (가), (나), (다)로 나누어 설명한다.

(가) 예사소리인 뒷말의 첫소리가 된소리로 나야 한다.
예시에서 예를 들면 (1가)에 제시된 '냇가'의 '가'가 [까]로 소리가 나거나 (2가)에 제시된 '깃발'의 '발'이 [빨]로 소리가 나는 것이다. '가', '발'이라는 예사소리가 앞말과 결합하면서 [까], [빨]이라는 된소리로 바뀌었다.
앞에서(주제 4, 56쪽) 설명했듯이 한국어에서 받침에 [ㄷ] 소리가 있으면 뒤에 오는 말은 된소리로 바뀐다. 그래서 뒷말의 첫소리가 된소리로 나면 'ㅅ'이 받침에 있는 것으로 본다. 받침에 적는 'ㅅ'은 [ㄷ]로 발음한다.

한국어의 소리에는 예사소리, 된소리, 거센소리가 있는데 왜 예사소리로 한정했을까? 뒷말이 된소리거나 거센소리이면 된소리로 바뀌는지 확인이 되지 않는다. 그래서 '예사소리'라는 조건이 들어갔고, 뒷말이 된소리나 거센소리이면 사이시옷을 받치어 적지 않아야 한다.

규범적인 표기: 뒤쪽 위쪽 위층
규범적이지 않은 표기: 뒷쪽 윗쪽 윗층

'뒤쪽, 위쪽, 위층'에서 뒷말인 '쪽'은 된소리이고 '층'은 거센소리이기 때문에 사이시옷을 받치어 적은 '뒷쪽, 윗쪽, 윗층'은 규범적인 것으로 인정이 되지 않는다.

(나) 뒷말의 첫소리 'ㄴ, ㅁ' 앞에서 [ㄴ] 소리가 덧나야 한다.

예시에서 예를 들면 (1나)의 '뒷모습', (2나)의 '뒷문'에서 앞말이 '뒤'임에도 발음이 [뒨]으로 난다. 앞말 받침으로 [ㄴ] 소리가 덧나는 것이다. 이 경우도 앞말의 받침으로 [ㄷ]로 발음하는 사이시옷이 있다고 하면 설명이 된다.

한국어에서 [ㄷ] 소리는 뒤에 [ㄴ]나 [ㅁ] 소리가 오면 반드시 [ㄴ]로 소리가 바뀌게 되어 있다. 앞에서(주제 2, 38쪽) 다루었던 비음화 현상이다. 그러므로 'ㄴ' 소리가 덧나는 것은 받침에 [ㄷ]가 있고 이것이 뒷말 첫소리 'ㄴ, ㅁ'을 만나면서 [ㄴ]로 발음되는 것으로 보는 것이다.

뒤+모습 → 뒷모습([뒫모습] → [뒨모습])
뒤+문 → 뒷문([뒫문] → [뒨문])

(다) 뒷말의 첫소리 모음 앞에서 [ㄴㄴ] 소리가 덧나야 한다.

예시에서 예를 들면 (1다)의 '깻잎'은 '깨'와 '잎'으로 된 말인데도 [깬]과 [닙]으로 앞말은 받침에 [ㄴ]가 더 들어가고 뒷말은 첫소리에 [ㄴ]가 더 들어간다. 뒷말의 첫소리 모음 앞에서 [ㄴㄴ]가 덧나는 것이다. 이 경우도 앞말의 받침으로 [ㄷ]로 발음하는 사이시옷이 있다고 하면 설명이 된다.

뒤에서(주제 25) 설명하지만 한국어에서는 뒷말이 '이, 야, 여, 요, 유'로 시작하면 [ㄴ] 소리를 첨가하여 [니, 냐, 녀, 뇨, 뉴]로 발음하기도 한다.

맨입[맨닙] 담요[담뇨] 눈요기[눈뇨기]

위의 예에서 표기는 '맨입, 담요, 눈요기'로 하는데 색으로 표시한 부분에서 볼 수 있듯이 발음에서는 [ㄴ]가 더 들어가 [닙], [뇨], [뇨]로 바뀐다. '깻잎'도 이 현상에 따라 '잎'을 [닙]으로 발음한다. 그러면 위에서 설명한 (나)의 조건에 맞게 된다. 뒷말의 첫소리 [ㄴ]([닙]) 앞에서 [ㄴ]([깬])이 덧나는 것이다. 앞말의 받침에 [ㄷ]이 있다고 하면 뒤에 오는 [닙]과 만나 결국 [깬닙]으로 발음이 되는 것이다. (2다)의 '예삿일'도 동일하다. 뒷말 '일'에 [ㄴ] 소리가 첨가되어 [닐]이 되고 앞말은 [예산]으로 [ㄴ]가 더 들어간다. 앞말의 받침으로 사이시옷이 있다고 하면 설명이 된다. ❷

깨+잎 → 깻잎([깯입] → [깯닙] → [깬닙])
예사+일 → 예삿일([예삳일] → [예삳닐] → [예산닐])

이처럼 세 가지 현상으로 나누어 설명하지만 특정한 소리가 나는 이유는 받침에 'ㅅ'이 있다고 보면 설명이 되기 때문에 'ㅅ'으로 적는 것이다. 소리를 기준으로 적는다면 받침에 'ㄷ'으로 적는 것이 더 맞지만 옛날부터 이런 경우에 'ㅅ'으로 적어 왔다. 앞에서(주제 6) 다루었다. 그래서 [ㄷ]로 발음이 나지만 옛날부터의 관습을 존중하여 'ㅅ'으로 적는 것이고 '사이시옷'이라고 말하는 것이다. ❸

둘째, 합성어이어야 한다.
위의 소리 기준을 만족하는 단어라 해도 합성어가 아니면 사이시옷을 적지 않는다. 예를 들어 '해님'은 흔히 [핸님]으로 발음한다. '해'와 '님'이 결합한 말로 위의 (나)의 조건, 즉 뒷말의 첫소리 'ㄴ, ㅁ' 앞에서 'ㄴ' 소리가 덧나야 한다는 조건을 만족한다. 그렇지만 '햇님'이라고 적지 않는다. '님'은 '-님'으로 사전에 올라 있는데 접미사이다. 따라서 '해님'은 합성어가 아니라 파생어이다. '합성어'이어야 한다는 조건에 맞지 않는다. '해님'이라고 적고 발음도 [해님]으로 하는 것이 규범적인 것이다.

셋째, 합성어를 이루는 두 말이 한자어와 한자어가 결합한 말이거나 또는 두 말 중에 외래어가 있으면 안 된다.

규정에서 사이시옷이 들어가는 조건으로 (1) 고유어로 된 합성어, 즉 고유어와 고유어가 결합한 말 (2) 고유어와 한자어로 된 합성어, 즉 고유어와 한자어가 결합한 말로 한정하였다.

공부방(공부＋방)(工夫房)[공부빵]　　문제점(문제＋점)(問題點)[문제쩜]
사기죄(사기＋죄)(詐欺罪)[사기쬐]　　차이점(차이＋점)(差異點)[차이쩜]
증여세(증여＋세)(贈與稅)[증여쎄]　　피부과(피부＋과)(皮膚科)[피부꽈]

여기에 제시된 예들은 모두 뒷말을 된소리로 발음한다. 그러므로 위의 (가)의 조건, 뒷말의 첫소리가 된소리로 나야 한다는 조건을 충족한다. 그렇지만 사이시옷을 적지 않는다. ( ) 안에 제시한 것에서 알 수 있듯이 한자어와 한자어가 결합한 말이기 때문이다. 그래서 발음은 된소리로 나는 것을 인정하지만 사이시옷을 받치어 적지는 않는다.

다만, 한자어 중에서 예외적으로 몇 개는 사이시옷을 적는 것을 인정하였다. 사이시옷을 적는 게 관습으로 굳어진 것으로 인정한 것이다. (3)

에 제시된 두 음절의 한자어 6개이다.

이들 외에는 한자어로만 구성된 말이면 사이시옷을 적어 주지 않는다. 그런데 이들 6개에 포함되지 않는 한자어인데 뒷말이 된소리로 발음되기 때문에 사이시옷을 적는 경우를 종종 볼 수 있다.

내과(內科)[내꽈] 개수(個數)[개쑤] 대가(代價)[대까] 시구(詩句)[시꾸]
초점(焦點)[초쩜] 이점(利點)[이쩜] 화병(火病)[화뼝]

규범적인 표기인 위의 예들을 '냇과, 갯수, 댓가, 싯구, 촛점, 잇점, 홧병'처럼 적는 것이다. 이들은 예외로 인정한 6개의 한자어가 아니다. 그래서 이들에서 사이시옷이 들어간 표기는 규범적인 것으로 인정이 되지 않는다. 이것들도 역시 발음은 된소리로 나는 것을 인정하지만 사이시옷을 받치어 적지는 않아야 한다.

넷째, 앞말이 모음으로 끝나야 한다.
(1)과 (2)에서 '앞말이 모음으로 끝난 경우'라고 명시되어 있으므로 앞말이 모음으로 끝나야 한다. 받침으로 끝나면 사이시옷을 적지 않는다.

손가락(손+가락)[손까락] 손등(손+등)[손뜽] 눈병(눈+병(病))[눈뼝]
눈사람(눈+사람)[눈싸람] 지름길(지름+길)[지름낄] 보름달(보름+달)[보름딸]
비빔밥(비빔+밥)[비빔빱] 울음소리(울음+소리)[우름쏘리] 몸짓(몸+짓)[몸찓]
강가(강(江)+가)[강까] 초승달(초승+달)[초승딸] 방바닥(방(房)+바닥)[방빠닥]
창살(창(窓)+살)[창쌀] 강줄기(강(江)+줄기)[강쭐기]

여기에 제시된 예들은 앞말의 마지막 음절에 받침이 있고 뒷말이 된소리로 나는 것들이다. 뒷말을 된소리로 바꿀 수 없는 [ㄴ], [ㅁ], [ㅇ]을 받침으로 가진 말들이다. 달리 된소리 발음이 날 이유가 없기 때문에 이것들 또한 사이시옷이 들어가서 뒷말이 된소리로 나는 것으로 본다. 그렇지만 이미 받침이 있는 말에 사이시옷을 추가하면 받침의 종류가 많이 늘어나는 부담이 있다. 그래서 앞말이 모음으로 끝나야 한다고 제한한 것으로 판단된다. 만약 표기에 사이시옷을 반영하면 아래와 같이 적어야 할 것이다.

숤가락 숤등 눖병 눖사람 지룷길 보룺달 비빖밥 울읎소리 몺짓
값가 초숪달 밠바닥 찻살 값줄기

'ㄵ, ㄸ, ㅆ'과 같은 새로운 자모가 필요하고 '숤, 눖, 룷, 빖……'과 같이 글자 수도 늘어난다. 앞말을 모음으로 제한하면 새로운 자모나 글자가 필요하지 않다. 이런 이유로 앞에서(주제 4. 62쪽) 설명했듯이 앞말이 받침으로 끝나면 사이시옷은 적지 않고 된소리로 발음하는 것만 규범적인 것으로 인정한다.

1988년에 「한글 맞춤법」을 개정하면서 사이시옷을 써야 할 곳이 많아졌다. 그러다 보니 사이시옷을 써야 함에도 눈에 익지 않아 사이시옷을 쓰지 않는 경우도 많다.

등굣길 하굣길 만둣국 북엇국 최댓값 최솟값 장밋빛

이것들이 규범적인 것으로 인정되는 표기이다. 그런데 '등교길, 하교길, 만두국, 북어국, 최대값, 최소값, 장미빛'처럼 사이시옷을 적지 않은 표기를 쉽게 볼 수 있다. 한국어 모어 화자들이 사이시옷이 없는 표기가 더 익숙하기 때문이라고 할 수 있다.

이처럼 사이시옷은 적어야 할 것처럼 보이는 자리에서 적지 않기도 하고 적지 말아야 할 것처럼 보이는 자리에서 적기도 한다. 합성어에서 뒷말이 된소리로 나는 예가 많다 보니 규정대로 지켜지지 않는 사례가 꽤 있다. ❹

도움말

❶

'아랫니'는 '아래'와 '이'가 결합한 말인데 '아랫이'라고 적지 않고 '아랫니'로 적었다. '이'는 합성어나 이에 준하는 말 뒤에서 사용될 때는 '니'로 적고 [니]로 발음한다. 앞에서(주제 8, 83쪽) 다루었다. 그래서 '아랫이'가 아니라 '아랫니'라고 적었고 뒷말의 첫소리 모음 'ㄴ, ㅁ' 앞이라는 (1나)의 조건에 맞는 단어가 됐다.

❷

사이시옷이 더 들어가면 어떻게 발음해야 할까? 「표준 발음법」에서는 사이시옷이 들어간 발음은 사이시옷이 들어간 대로 발음하는 것을 규범적인 것으로 인정한다.(【발】제30항)

이에 따라 (나)에 속하는 단어들에서는 사이시옷을 [ㄴ]로 발음하며 (다)에 속하는 단어들에서는 사이시옷은 [ㄴ]로, 뒷말의 모음은 [ㄴ]를 더 넣어 발음한다. 예시에 제시된 대로 발음하면 된다.

(가)는 뒷말의 첫소리만을 된소리로 발음하는 것을 원칙으로 하되 사이시옷을 [ㄷ]로 발음하는 것도 허용한다. (가)의 예시를 제시할 때는 번거로움을 피하기 위하여 원칙 발음만 제시하였다. 그렇지만 원칙 발음과 허용 발음을 인정했기 때문에 아래처럼 두 가지로 발음할 수 있다. '/' 앞에 있는 것이 원칙 발음이고 뒤에 있는 것이 허용 발음이다. 『기초사전』에서도 두 가지 발음을 모두 제시하였다.

- 냇가[내까/낻까] 뒷걸음[뒤꺼름/뒫꺼름] 뱃길[배낄/밷낄] 뱃속[배쏙/밷쏙] 쇳조각[쇠쪼각/쇧쪼각] 아랫집[아래찝/아랟찝] 콧등[코뜽/콛뜽] 햇빛[해삗/핻삗]
- 깃발[기빨/긷빨] 뒷방[뒤빵/뒫빵] 부잣집[부자찝/부잗찝] 이삿짐[이사찜/이삳찜] 전셋값[전세깝/전섿깝] 칫솔[치쏠/칟쏠] 햇수[해쑤/핻쑤]

❸

특정한 소리가 나면 사이시옷을 적도록 하였기 때문에 때로 발음을 다르게 하여 사이시옷 표기가 혼란을 보일 때도 있다. 한국어 모어 화자들 사이에서 같은 단어를 발음을 다르게 하는 경우도 있기 때문이다. 예시에서 '존대+말'은 '존댓말'로 적는다. 그런데 '인사+말', '머리+말'은 '인사말', '머리말'로 적어야 규범적인 표기이다. [인사말], [머리말]이 규범적인 발음이기 때문에 사이시옷을 적지 않아야 한다. 그런데 [인산말], [머린말]로 앞말에 [ㄴ] 소리가 더 들어간 발음을 하는 사람도 많다. 이런 사람들은 흔히 '인삿말', '머릿말'로 적는다.

❹

'잠자리'처럼 표기는 동일한데 뜻이 다른 말 중에는 [잠자리], [잠짜리]처럼 발음이 다른 것들도 있다.

- 잠자리1[잠짜리] 누워서 잠을 자는 곳.
- 잠자리2[잠자리] 가늘고 긴 몸에 두 쌍의 얇고 투명한 그물 모양의 날개를 지닌 곤충.

'잠자리1'은 '잠'과 '자리'라는 말이 결합하여 만들어진 합성어이기 때문에 사이시옷이 들어가서 된소리로 발음한다. '잠자리2'는 두 말이 결합한 것이 아니라 하나의 단어이기 때문에 사이시옷이 들어가지 않아서 예사소리로 발음한다.

15. 체언과 조사 결합에서의 준말

체언과 조사가 어울려 줄어지는 경우에는 준 대로 적는다.(【맞】제33항)

본말	준말	본말	준말
그것은	그건	그것이	그게
그것을	그걸	나는	난
나를	날	너는	넌
너를	널	무엇을	뭣을/무얼/뭘
무엇이	뭣이/무에		

　한국어에서는 한 음절에 포함된 자음이나 모음이 줄면서 말이 줄어드는 일이 흔하다. 줄기 전의 말을 '본말'이라 하고 줄어든 후의 말을 '준말'이라고 한다. 본말은 문어에서, 즉 글을 쓸 때 쓰는 경우가 많고 준말은 구어에서, 즉 말을 할 때 쓰는 경우가 많다. 그렇지만 단어에 따라서는 준말만 주로 쓰는 단어도 있고 본말만 주로 쓰는 단어도 있다. 준말

과 본말 둘 다 비슷하게 쓰는 단어도 있어 본말과 준말의 사용이 복잡한 편이다.

위 규정에서는 체언이 조사와 어울려 뜻은 같으나 모양이 다를 때 본말과 준말의 관계로 보고 줄여 적을 수 있도록 규정하였다. 본말과 준말을 둘 다 규범적인 것으로 인정한 것이다.

조사 '은', '는'과 '을', '를'은 앞말의 끝에 받침이 있으면 '은', '을'을 사용하고 앞말의 끝이 모음이면 '는', '를'을 사용한다.

오늘은 추운 날이다.
영희는 학교에 오지 않았다.

형이 옷을 샀다.
친구가 커피를 마셨다.

'오늘'과 '옷'은 받침이 있는 말이다. 그래서 그 뒤에 각각 '은'과 '을'이 왔다. 이와 달리 '영희'와 '커피'는 모음으로 끝나는 말이다. 그래서 그 뒤에 각각 '는'과 '를'이 왔다.

그런데 모음 뒤에 오는 '는' 대신에 'ㄴ', '를' 대신에 'ㄹ'을 사용하기도 한다. 그래서 '영희는' 대신에 '영횐', '커피를' 대신에 '커필'이라고 말하기도 한다. ❶

영횐 학교에 오지 않았다.
친구가 커필 마셨다.

예시에 제시된 '그것은'과 '그건'의 관계는 '그것'이 '그거'로 줄어들고 '은' 대신에 'ㄴ'이 붙으면서 '그건'이 된 것이다. '그것을'과 '그걸'의 관계도 동일하다. 줄어든 '그거'에 '을' 대신에 'ㄹ'이 붙으면 '그걸'이 된다. 규정에서는 이것을 준말로 보았다.

이런 관계를 맺는 단어는 이 단어만 있는 것이 아니다. 홀로 쓰일 수 없고 다른 말과 함께만 쓰일 수 있는 의존 명사로 '것'이 있다. 이 말이 줄어들어 '거'가 되는데 '거'는 구어에서 많이 사용된다. '그것은'의 '그것'은 '그'와 '것'이 결합된 말이다. '것'이 '거'로 줄어들 수 있기 때문에 '그것'도 '그거'로 줄어들 수 있는 것이다. 이와 같은 말로 '이것, 저것, 고것, 요것, 조것' 등등이 있는데 모두 같은 방법으로 사용될 수 있다. 즉, '이것은, 저것은, 고것은, 요것은, 조것은'도 '이건, 저건, 고건, 요건, 조건'이 될 수 있다.

이것은 책이요, **그것은** 연필이요, **저것은** 책상이다.
이건 책이요, **그건** 연필이요, **저건** 책상이다.

'거'가 구어에서 많이 사용되듯이 이 준말들도 구어에서 많이 사용된다. 그렇지만 '거' 뒤에는 'ㄴ'만 붙을 수 있는 것은 아니다. 위에서 설명했듯이 조사 '는'이 모음 뒤에 사용될 수 있다. '거' 역시 모음으로 끝난 말이기 때문에 '는'이 붙을 수도 있어 '거는'과 같이 사용할 수도 있다. '거'가 결합한 다른 말들도 마찬가지이다. 그래서 예시에 제시되지 않았지만 '그거는'과 같이 적는 것도 가능하다.

이거는 책이요, **그거는** 연필이요, **저거는** 책상이다.

지금까지 설명한 것은 '그것을'과 '그걸'에서도 똑같이 적용된다. '그걸'은 '그거'로 준 뒤에 '을' 대신에 'ㄹ'이 붙은 것이며 '그거를'을 사용할 수도 있다. 당연히 '이걸/이거를, 저걸/저거를, 고걸/고거를, 요걸/요거를, 조걸/조거를'도 사용할 수 있다.

'나는, 너는'은 '는' 대신에 'ㄴ'이 붙으면서 준말이 되었다. '나'를 낮춰 이르는 '저'에 '는'이 붙은 '저는'도 역시 '전'이 될 수 있다. '나를, 너를, 저를'도 마찬가지이다. '를' 대신에 'ㄹ'이 붙으면서 '날, 널, 절'로 줄 수 있다.

'그것' 뒤에 조사 '이'가 붙은 '그것이'는 줄면서 '그거이'가 되지 않고 '그게'가 된다. 이 또한 '것' 뒤에 조사 '이'가 붙은 '것이'가 줄면 '게'가 되는 것과 같다. 위에서 보았던 '거'가 붙은 다른 말들도 역시 '게'가 된다. 모음 'ㅓ'에 '이'가 붙으면서 더 줄어든 것이다. ❷

<mark>이것이</mark> 나쁘지 않고, <mark>그것이</mark> 마음에 들지만, <mark>저것이</mark> 가장 좋다.
<mark>이게</mark> 나쁘지 않고, <mark>그게</mark> 마음에 들지만, <mark>저게</mark> 가장 좋다.

'나, 너, 저'에도 '이'가 결합하여 준 것처럼 보이는 '내, 네, 제'가 있다. 이것은 옛날에 조사 '이'가 결합하여 '내, 네, 제'가 된 것이다. 나중에 조사 '가'가 사용되면서 '나, 너, 저'는 예외로 조사 '가'가 '내, 네, 제' 뒤에 결합하여 '내가, 네가, 제가'로 굳어졌다.

<mark>내가</mark> 가겠다.
<mark>네가</mark> 가라.

제가 가겠습니다.

'내, 네, 제'는 오히려 조사 '의'가 붙은 '나의, 너의, 저의'의 뜻으로 사용된다. 그리고 조사 '에게'가 붙은 '나에게, 너에게, 저에게'의 뜻으로 사용되는 '내게, 네게, 제게'에서도 '내, 네, 제'를 볼 수 있다.

네가 그게(←그것이) **네**(←너의) 거라고(←것이라고) 주장하니 **네게**(←너에게) 주겠다.

이처럼 '나, 너, 저'는 다른 말들과 달리 조사와 결합하는 양상이 복잡하여 『기초사전』에서도 이들 조사가 붙을 때 어떤 형태가 되는지 제시하였다.

나: 내가[내가], 나의[나의](내[내]), 나에게[나에게](내게[내게])
너: 네가[네가], 너의[너의](네[네]), 너에게[너에게](네게[네게])
저: 제가[제가], 저의[저의](제[제]), 저에게[저에게](제게[제게])

조사 '가', 조사 '의', 조사 '에게'가 붙었을 때의 형태를 제시하였다. ( ) 안에 가능한 준말을 제시하였으며 [ ] 안에 발음도 제시하였다. ❸

예시에 제시된 '무엇'의 준말은 더 복잡하다. '무엇'은 '우'와 '어'가 합쳐져서 '뭣'으로 줄기도 하고, '그것'처럼 받침의 'ㅅ'이 줄어서 '무어'가 되기도 한다. '무어'가 다시 '뭐'로 줄기도 한다. 예시에서는 제시하지 않았지만 사전에서는 '뭐'가 더 줄어든 '머'도 인정하였다. '무엇'의 준말이 뭣, 무어,

뭐, 머' 4개가 있는 것이다.

　뒤에 조사 '을/를'이 올 때 '뭣'은 받침이 있어 '을'과 붙어 '뭣을'이 되고, '무어'와 '뭐'에는 'ㄹ'이 붙어 각각 '무얼, 뭘'이 된다. 'ㄹ' 대신에 모음 뒤에 붙는 '를'이 붙을 수 있다. 그래서 예시에서 준말로 제시하지 않았지만 '무어를, 뭐를'이라고도 할 수 있다. 예시에 없지만 '머'도 역시 '멀'과 '머를'이 가능하다.

　뒤에 조사 '이/가'가 올 때 '뭣'은 받침이 있어 '이'와 붙어 '뭣이'가 된다. '무어'가 '무에'로 되는 것은 '무어'에 조사 '이'가 붙어 준 것으로 볼 수 있다. '거이'가 '게'로 되는 것과 같다. '거이'를 쓰지 않듯이 '무어이'도 쓰지 않는다. '뭐'에 '이'가 붙어 준 '뭬'가 가능하지만 실제로는 사용하지 않아서 빠졌다. '뭬'를 사용하지 않으므로 '머' 역시 '메'가 되지 않는다. '무어'와 '뭐'는 모음으로 끝나므로 주격 조사 '가'가 붙은 '무어가', '뭐가'도 가능하다. '머' 역시 '머가'가 가능하다.

　지금까지 설명한 '무엇'이 어떻게 쓰이는지 정리하면 아래와 같다. 규정에서 제시하지 않은 말은 ( )에 넣었다.

	+이/가	+을/를
무엇	무엇이	무엇을
뭣	뭣이	뭣을
무어	무에, (무어가)	무얼, (무어를)
뭐	(뭐가)	뭘, (뭐를)
머	(머가)	(멀), (머를)

　'무엇'은 한국어에서 쓰임이 많다. 그러다 보니 특정한 문맥에서는 특

정한 형태로만 사용되기도 한다. 표로 제시된 본말과 준말이 어디서나 모두 자유롭게 사용되지는 않는다. 쓸 수는 있지만 거의 쓰지 않는 말도 있고 다른 본말이나 준말보다 훨씬 많이 쓰는 말도 있다.

도움말

❶
   설명을 위해 '영훈', '커필'로 적은 예를 제시했지만 실제로는 이렇게는 잘 적지 않는다. 구어를 그대로 옮겨 쓸 때나 볼 수 있는 표기이다.

❷
   조사 '이'는 앞말의 끝에 받침이 있을 때 사용한다. 앞말의 끝이 모음이면 '가'를 사용한다. 그러므로 모음으로 끝나는 '거' 뒤에는 조사 '가'가 붙어 '거이, 그거이'가 아니라 '거가, 그거가'가 되어야 할 것이다. 그러나 실제로는 '게, 그게'가 대신 사용된다.
   그런데 같은 '이'를 가진 조사 '이다'와 결합할 때는 '게'가 아니라 '거'가 된다. '그것이다'가 '그게다'로 줄지 않고 '그거다'가 된다.

   그것이 그것이다.
   그게 그거다.

❸
   『기초사전』에서 '내가'의 발음은 [내가]로, '네가'의 발음은 [네가]로 제시했다. 그런데 한국어 모어 화자들 중에서 많은 사람이 실제로는 [ㅔ]와 [ㅐ]를 같게 발음한다. 두 소리의 차이를 구분하지 못하는 것이다. 그래서 실제로는 '내가'와 '네가'의 발음이 같아 발음만 들어서는 '내가'를 말하는지 '네가'를 말하는지 구별하기 어렵다. 이 때문인지 [네가]를 [니가]라고 많이 발음하는데 규범적인 것으로 인정이 되지는 않는다.

16. 용언과 어미 '-아/-어' 결합에서의 준말

모음으로 끝나는 용언과 어미가 어울려 줄어지는 경우는 다음과 같이 적는다.([맞]제34항 ~제36항)

(1) 'ㅏ, ㅓ, ㅕ' + '-아/-어' → 'ㅏ, ㅓ, ㅕ'

단어	-아/-어		-았다/-었다	
	본말	준말	본말	준말
가다	×	가	×	갔다
나다	×	나	×	났다
타다	×	타	×	탔다
놀라다	×	놀라	×	놀랐다
서다	×	서	×	섰다
건너다	×	건너	×	건넜다
켜다	×	켜	×	켰다
펴다	×	펴	×	폈다

(2) 'ㅐ, ㅔ' + '-어' → 'ㅐ어, ㅔ어', 'ㅐ, ㅔ'

단어	-아/-어		-았다/-었다	
	본말	준말	본말	준말
깨다	깨어	깨	깨었다	깼다
내다	내어	내	내었다	냈다

단어	-아/-어		-았다/-었다	
	본말	준말	본말	준말
보내다	보내어	보내	보내었다	보냈다
떼다	떼어	떼	떼었다	뗐다
세다	세어	세	세었다	셌다
설레다	설레어	설레	설레었다	설렜다

(3) 'ㅗ, ㅜ' + '-아/-어' → 'ㅗ아, ㅜ어', 'ㅘ, ㅝ'

단어	-아/-어		-았다/-었다	
	본말	준말	본말	준말
꼬다	꼬아	꽈	꼬았다	꽜다
보다	보아	봐	보았다	봤다
쏘다	쏘아	쏴	쏘았다	쐈다
꾸다	꾸어	꿔	꾸었다	꿨다
두다	두어	둬	두었다	뒀다
주다	주어	줘	주었다	줬다
멈추다	멈추어	멈춰	멈추었다	멈췄다

(4) 'ㅚ' + '-어' → 'ㅚ어', 'ㅙ'

단어	-아/-어		-았다/-었다	
	본말	준말	본말	준말
괴다	괴어	괘	괴었다	괬다
되다	되어	돼	되었다	됐다
뵈다	뵈어	봬	뵈었다	뵀다
쐬다	쐬어	쐐	쐬었다	쐤다

(5) 'ㅣ' + '-어' → 'ㅣ어', 'ㅕ'

단어	-아/-어		-았다/-었다	
	본말	준말	본말	준말
찌다	찌어	쪄	찌었다	쪘다
피다	피어	펴	피었다	폈다
가지다	가지어	가져	가지었다	가졌다
계시다	계시어	계셔	계시었다	계셨다
마치다	마치어	마쳐	마치었다	마쳤다
막히다	막히어	막혀	막히었다	막혔다
지키다	지키어	지켜	지키었다	지켰다

한국어에서는 모음과 모음이 만나면 두 모음이 합쳐지거나 둘 중의 하나가 줄면서 말이 줄어들 때가 많다. 용언에서도 모음으로 끝나는 어간 뒤에 모음으로 시작하는 어미, '-아/-어'가 오면 모음과 모음이 만나는 환경이 되어 말이 줄어드는 현상이 있다. 그런데 어떤 용언이냐 모음이냐에 따라서 줄어드는 양상이 다르다. 또한 앞에서도(주제 15) 이미 지적했지만 본말과 준말이 모두 비슷하게 쓰이는 것은 아니다. 준말만 주로 쓰는 경우도 있고 준말이 본말과 함께 쓰이는 경우도 있다.

⑴ **모음 'ㅏ'나 'ㅓ', 'ㅕ'로 끝나는 용언이 모음으로 시작하는 어미, '-아/-어'와 만나면 줄어든 형태로 사용된다.**

모음 'ㅏ'나 'ㅓ'로 끝나는 용언 어간과 어미 '-아/-어'가 만나면 'ㅏ아' 또는 'ㅓ어'로 같은 모음이 2개 이어진다. 이때는 하나는 줄어든다. 'ㅕ'로 끝나는 용언도 모음으로 시작하는 어미와 만나면 '-어'가 줄어든다. 'ㅕ'가 있으니 'ㅑ'도 있을 법한데 'ㅑ'로 끝나는 용언은 없다.

한국어 모어 화자들이 이 경우는 준말만 사용하고 본말을 사용하지 않는다. 용언의 모음과 어미의 모음을 그대로 사용하는 본말, 즉 'ㅏ아' 또는 'ㅓ어'가 불가능한 발음은 아니다. 예컨대 '가다'에서 '가아, 가았다'라고 말할 수는 있다. 그렇지만 그렇게 말하거나 적는 것이 모두 규범적인 것으로 인정이 되지 않는다.

모음 'ㅏ'나 'ㅓ'로 끝나는 용언은 대부분 어미 '-아/-어'를 만나면 이처럼 줄어든 모양으로만 사용된다. 그러나 '그러다, 이러다, 저러다, 고러다, 요러다, 조러다, 어쩌다'의 경우에는 어미 '-아/-어'를 만났을 때 '그러, 이러, 저러, 고러, 요러, 조러, 어쩌'가 되지 않는다. '그래, 이래, 저래, 고래, 요래, 조래, 어째'가 된다. 옛날의 습관이 이어지면서 겉보기에는 특이하게 어미가 변하는 모습을 보인다.

모음 'ㅏ'로 끝나는 '하다'는 앞에서(주제 12, 114쪽) 설명했듯이 '-아'가 아니라 '-여'가 결합하여 '하여'가 되는데 이것이 다시 줄면 '해'가 된다. 본말인 '하여'와 준말인 '해'는 둘 다 사용할 수 있다. '하다' 자체도 많이 사용되고 '하다'가 결합한 말도 많으므로 '하여' 또는 '해'는 글에서 흔히 볼 수 있다.

앞에서(주제 12, 109쪽) 보았던 ㅅ 불규칙 용언인 '낫다'는 어미 '-아', '-았다'와 결합하면 '나아', '나았다'가 되고 '젓다'는 어미 '-어', '-었다'와 결합하면 '저어', '저었다'가 된다. 같은 모음이 2개 이어진다. 그러면 여기서 설명하듯이 하나를 줄일 수도 있다. 실제로 '나, 났다, 저, 졌다'처럼 적거나 말하기도 하지만 규범적인 것으로 인정이 되지 않는다. ㅅ 불규칙 용언이 줄어들어 같은 모음이 이어진다 해도 더 줄이지 못한다. '낫다, 젓다'는 '나아, 나았다, 저어, 저었다'로만 적어야 한다.

아파서 병원에 입원했던 철호가 병이 다 나아(○)/나(×) 퇴원했다.[15]
영아는 커피에 설탕을 넣고 숟가락으로 저었다(○)/졌다(×).

(2) **모음 'ㅐ'나 'ㅔ'로 끝나는 용언이 모음으로 시작하는 어미 '-어'와 만나면 줄어든 형태로도 사용된다.**

앞에서(주제 10) 설명했듯이 'ㅐ'나 'ㅔ'는 어미 '-어'와 결합될 뿐 '-아'와 결합할 수 없기 때문에 예시에서 '-아'는 없다. (1)과 달리 이때는 본말과 준말 모두 사용할 수 있다.

모음 'ㅞ'로 끝나는 용언으로 '꿰다'가 있는데 이것도 'ㅔ'로 끝난 용언과 같아 '꿰어/꿰, 꿰었다/꿨다'를 모두 사용할 수 있다.

뒤에서(주제 17) 다루지만 '차이다, 파이다'가 줄어 '채다, 패다'로 된다.

---

15 '○'는 규범적인 것이므로 쓸 수 있음을 나타내고 '×'는 규범적인 것이 아니므로 쓸 수 없음을 나타낸다.

'채다, 패다'는 뒤에 '-어'가 이어지면 '채어, 패어'가 된다. 그런데 이처럼 줄어든 용언에 '-어'가 이어진 것은 더 줄이지 못한다. '채, 패'라고 줄이지 못한다. 표기가 같은 '채다'라도 깨닫다는 뜻의 '채다'는 '차이다'가 줄어든 말이 아니기 때문에 '채어'와 '채'를 모두 사용할 수 있다. '패다'도 마찬가지이다. 마구 때린다는 뜻의 '패다'는 '패어'와 '패'를 모두 사용할 수 있다. ❶

자꾸 돌이 발에 차이었다(○)/차였다(○)/채었다(○)/챘다(X).
그가 거짓말할 때 이미 눈치를 채었다(○)/챘다(○).

길에 구멍이 크게 파이었다(○)/파였다(○)/패었다(○)/팼다(X).
형이 사람을 마구 패었다(○)/팼다(○).

(3) **모음 'ㅗ'나 'ㅜ'로 끝나는 용언이 모음으로 시작하는 어미 '-아/-어'와 만나면 줄어든 형태로도 사용된다.**

(2)처럼 이때는 본말과 준말 모두 사용할 수 있다. 다만, '오다'는 예외이다. 본말은 인정하지 않는다. 준말만 사용할 수 있다. 한국어 모어 화자들이 준말만 사용하기 때문에 본말을 규범적인 것으로 인정하지 않은 것이다.

어제 손님이 와(○)/오아(X) 만났다.
친구가 약속에 늦게 왔다(○)/오았다(X).

'놓다'는 '-아'를 만나면 '놓아'가 되는데 '놔'라고 줄여도 된다. 앞에서(주제 2, 47쪽) 설명했듯이 받침의 'ㅎ'은 뒤에 모음이 오면 발음이 되지 않는다. 그래서 '놓아'는 실제로는 [노아]라고 발음한다. 이것이 다시 줄어 '놔'가 된 것이다. 그렇지만 준말로 '노아'도 인정하는 것은 아니다. '놓아'와 '놔'만 규범적인 것으로 인정이 된다.

　상대편이 잡고 있던 줄을 놓아(○)/놔(○) 내가 넘어졌다.
　책을 책상 위에 놓았다(○)/놨다(○).

'ㅎ' 받침이 있는 용언 중에서 '놓다'만 줄어들 수 있다. 같은 'ㅎ' 받침이 있는 용언인 '좋다'는 어미 '-아'가 결합하면 '좋아'라고만 적지 '좌'라고 줄여 말하거나 적지는 않는다.

(4) **모음 'ㅚ'로 끝나는 용언이 모음으로 시작하는 어미 '-어'를 만나면 줄어든 형태인 'ㅙ'로도 사용된다.**

　(2)처럼 이때도 본말과 준말 모두 사용할 수 있다. 그런데 한국어 모어 화자들은 'ㅚ'와 'ㅙ'의 발음을 명확하게 구분하지 못하기 때문에 'ㅚ'와 'ㅙ'를 정확하게 쓰는 데 혼란이 없지 않다. 특히 많이 사용하는 '되다'에서 잘못 쓰는 일이 자주 발견된다.

　술을 너무 많이 마시면 안 돼죠(X)/되죠(○).
　우리는 어제 만나자마자 친구가 됬다(X)/되었다(○)/됐다(○).

'되다'가 어미 '-어'와 결합한 '되어'가 줄어 '돼'가 된다. 그러므로 어미 '-어'와 결합하여 줄어든 말이면 '돼'라고 쓰고 그렇지 않으면 '되'라고 써야 한다.

위의 예에서 '돼죠'는 '되-'에 '-죠'라는 어미가 이어진 것이므로 '-어'가 없어야 한다. 그래서 '되죠'라고 적는다. '됐다'는 '되-'에 어미 '-었다'가 이어진 말이 올 자리이므로 '되었다' 또는 '됐다'라고 적어야 한다. '됬다'라고 적기 위해서는 '-ㅆ다'라는 어미가 있어야 하는데 한국어에 그런 어미는 없다. '됬다'는 있을 수 없는 표기이다.

'ㅚ'와 'ㅙ'가 발음으로 명확하게 구분이 되지 않기 때문에 어미 활용을 적을 때 어떤 어미와 결합했는지 문법적으로 알아야 제대로 적을 수 있다. 그런데 전문적인 훈련을 받지 않은 사람들에게는 쉽지 않은 일이다. 한국어 모어 화자들도 '되다'와 어미 '-어'가 결합한 형태를 표기할 때 잘못 적는 일이 많다.

한국어 모음에서 'ㅗ'와 'ㅜ'가 짝이 되듯이 'ㅚ'의 짝으로 'ㅟ'가 있다. 한국어 용언 중에는 아래와 같이 'ㅟ'로 끝나는 것들도 있다.

뀌다 뛰다 쉬다 쥐다 튀다 휘다 나뉘다 바뀌다 사귀다 할퀴다

이 단어들은 어미 '-어'를 만나면 아래와 같이 어간에 '-어'만 붙이면 된다.

뀌어 뛰어 쉬어 쥐어 튀어 휘어 나뉘어 바뀌어 사귀어 할퀴어

그리고 줄여서 아래와 같이 말할 수도 있다.

[꿔] [뚺] [쉬] [줘] [퉈] [휘] [나눠] [바꿔] [사궈] [할퀴]

그런데 이 발음은 한국어 모어 화자들이 실제로 발음하기도 어렵지만 규범적인 발음으로 인정이 되지 않는다. 표기도 인정이 되지 않는다. 심지어 입력도 할 수 없다. 현대 한글에서 사용할 수 있는 글자로 모음 'ㅟ'가 인정이 되지 않는다. 그래서 현대 한글 글자만 입력이 가능한 기계에서는 'ㅟ'가 들어간 '꿔'와 같은 글자는 한 글자로 입력할 수 없다. 그래서 '뀌어'와 같이 읽거나 적는 것만 규범적인 것이고 '꿔'와 같이 읽거나 적는 것은 규범적인 것으로 인정되지 않는다.

이로 인해 간혹 발음이 비슷한 다른 글자로 쓰는 경우가 있는데 역시 규범적인 것으로 인정이 되지 않는다.

친구의 머리 모양이 바껴서(X)/바뀌어서(O) 못 알아보았다.
이 동네는 모든 것이 다 바꼈다(X)/바뀌었다(O).
저 두 사람이 사겨(X)/사귀어(O).
한국에서 친구 많이 사겼어(X)/사귀었어(O)?

'바꿔서, 바꿨다, 사궈, 사궜어'와 같이 적을 수 없기 때문에 '바껴서, 바꼈다, 사겨, 사겼어'와 같이 적었다. 규범적인 것으로 인정이 되지 않는다. 'ㅚ어'와 달리 'ㅟ어'는 더 줄일 수 없다.

(5) **모음 'ㅣ'로 끝나는 용언이 모음으로 시작하는 어미 '-어'와 만나면 줄어든 형태인 'ㅕ'로도 사용된다.**

(2)처럼 이때도 본말과 준말 모두 사용할 수 있다. 모음 'ㅣ'로 끝나는

용언이 많기 때문에 여기에 해당하는 예들은 꽤 많다. 거기에 더해 새로운 용언을 만드는 접미사로 '-이-, -히-, -기-, -리-, -거리다, -이다, -지다'와 같은 것들이 있어 모음 'ㅣ'로 끝나는 용언의 수는 더 늘어난다. 일부 예를 들면 아래와 같다.

가르치다	가리키다	가지다	걸리다	계시다	고치다	그리다
그치다	기다리다	끓이다	끼다	남기다	내리다	느끼다
느리다	다치다	달리다	던지다	돌리다	드리다	들리다
마시다	마치다	막히다	만지다	모시다	모이다	버리다
보이다	부치다	붙이다	비다	빌리다	빠지다	생기다
시다	시키다	알리다	어리다	어울리다	열리다	올리다
움직이다	이기다	줄이다	즐기다	지다	지키다	찌다
치다	튀기다	틀리다	팔리다	피다	흐리다	흘리다

모음 'ㅣ'에 '-어'가 결합하면 발음이 [ㅣ어]로 될 수도 있고 [ㅣ여]로 될 수도 있음은 앞에서(주제 10, 94쪽) 다룬 바 있다. 그리고 줄여서 말할 때는 줄인 대로 [ㅕ]로 발음을 한다. 다만, 준말에서 나타나는 '겨, 쪄, 쳐'는 [저, 쩌, 처]로 발음한다.(【발】제5항 다만 1)

몇 개의 예를 들어 어떻게 발음되는지 보이면 아래의 표와 같다.

단어	-아/-어		-았다/-었다	
	본말	준말	본말	준말
피다	피어[피어/피여]	펴[펴]	피었다[피얻따/피엳따]	폈다[편따]
막히다	막히어[마키어/마키여]	막혀[마켜]	막히었다[마키얻따/마키엳따]	막혔다[마켣따]
가지다	가지어[가지어/가지여]	가져[가저]	가지었다[가지얻따/가지엳따]	가졌다[가젇따]
찌다	찌어[찌어/찌여]	쪄[쩌]	찌었다[찌얻따/찌엳따]	쪘다[쩓따]
마치다	마치어[마치어/마치여]	마쳐[마처]	마치었다[마치얻따/마치엳따]	마쳤다[마철따]
묻히다	묻히어[무치어/무치여]	묻혀[무처]	묻히었다[무치얻따/무치엳따]	묻혔다[무철따]

'피다'를 예로 들면 '-어'가 결합한 형태인 '피어'는 [피어], 즉 [ㅣ어]나 [피여], 즉 [ㅣ여]로 발음할 수 있다. '피어'가 준 형태인 '펴'는 [펴]로 발음하여 [ㅕ]라는 이중 모음이 제대로 발음이 된다. 그에 비해 '가지다, 찌다, 마치다'의 예에서 보듯이 준 형태인 '가져, 쪄, 마쳐'에서는 [ㅕ]가 아닌 [ㅓ]로, 즉 [저], [쩌], [처]로 각각 발음한다. '묻히다'는 표기로는 나타나지 않지만 앞에서(주제 5) 설명하였던 구개음화에 의해 실제 발음이 [무치다]가 된다. 여기에 '-어'가 붙어 준 '묻혀'는 발음을 기준으로 하면 '쳐'로 적은 것에 해당하므로 발음이 [처]가 된다. 즉, [무처]로 발음한다.

한국어 모어 화자들은 '져, 쪄, 쳐'를 표기 그대로 발음하지 못하고 [저, 쩌, 처]로 발음한다. 그래서 표기에서는 '져, 쪄, 쳐'를 규범적인 것으로 인정하되 발음은 [저, 쩌, 처]로 하도록 정한 것이다. 'ㅣ어'는 'ㅕ'로 준다는 기준을 모든 용언에 적용하기 위하여 표기에서 '져, 쪄, 쳐'도 '져, 쪄, 쳐'로 적게 한 것으로 보인다. 그렇게 표기하도록 하였기 때문에 '펴, 막혀'처럼 '가져, 쪄, 마쳐'도 준말임을 쉽게 알 수 있다. 그렇지만 발음은 실제 한국어 모어 화자들이 하는 발음을 규범적인 것으로 인정하

였다. ❷

'ㅢ'로 끝나는 용언도 있다. 모음 'ㅣ'를 가진 것처럼 보이지만 'ㅢ'는 '-어'가 결합했을 때 'ㅢ어'로만 쓸 수 있다. 줄여 말할 수도 없고 적을 수도 없다. 위에서 보았던 'ㅟ'와 같다.

단어	-아/-어		-았다/-었다	
	본말	준말	본말	준말
띄다	띄어	×	띄었다	×
틔다	틔어	×	틔었다	×
희다	희어	×	희었다	×
여의다	여의어	×	여의었다	×

용언과 어미 '-아/-어'가 결합한 본말과 준말이 둘 다 가능하면 이 용언이 포함된 복합어에서도 본말과 준말이 모두 원칙적으로 사용될 수 있다. 아래는 복합어에서 본말과 준말이 포함된 형태가 모두 『기초사전』에 올라 있는 것들이다.

깨어나다/깨나다   놓아두다/놔두다   놓아주다/놔주다
끼어들다/껴들다   들추어내다/들춰내다   떼어먹다/떼먹다
보아주다/봐주다   쏘아붙이다/쏴붙이다   여쭈어보다/여쭤보다
쪼개어지다/쪼개지다   치어다보다/쳐다보다   캐어묻다/캐묻다
해어지다/해지다   헤어지다/헤지다

이처럼 사전에 둘 다 올라 있지만 준말과 본말이 모두 같은 정도로 사용되는 것은 아니다. 준말이 주로 사용되거나 본말이 주로 사용되는 것들도 있다. 그래서 본말이나 준말 어느 한쪽만 사전에 있기도 하다. '놓아기르다, 놓아먹이다, 쏘아보다'는 『기초사전』에 본말만 있지 준말인 '놔기르다, 놔먹이다, 쏴보다'는 없다. '쳐부수다'는 본말인 '치어부수다'가 없다. 『기초사전』에 없다는 것은 그렇게 표기하는 것을 인정하지 않는다는 뜻은 아니다. 한국어 모어 화자들이 거의 사용하지 않아 『기초사전』에 올리지 않은 것이라고 보아야 한다.

복합어에서 용언이 뒷말의 자리에 올 때는 어미 '-아/-어'와 결합할 때 줄어드는 모양이 용언이 홀로 쓰일 때와 같다. 즉, 준말만 가능하면 복합어에서도 준말만 가능하고, 본말과 준말이 모두 가능하면 복합어에서도 본말과 준말이 모두 가능하다.

단어	-아/-어		-았다/-었다	
	본말	준말	본말	준말
찾아가다	×	찾아가	×	찾아갔다
일어서다	×	일어서	×	일어섰다
찾아오다	×	찾아와	×	찾아왔다

위에서 보았듯이 '가다, 서다, 오다'는 '-아/-어'와 결합할 때 '가, 서, 와'처럼 준말만 가능하다. 그래서 '찾아가다, 일어서다, 찾아오다'도 '찾아가, 일어서, 찾아와'만 가능하다.

단어	-아/-어		-았다/-었다	
	본말	준말	본말	준말
화내다	화내어	화내	화내었다	화냈다
알아보다	알아보아	알아봐	알아보았다	알아봤다
잘되다	잘되어	잘돼	잘되었다	잘됐다
끝마치다	끝마치어	끝마쳐	끝마치었다	끝마쳤다

이와 달리 '내다, 보다, 되다, 마치다'는 '-아/-어'와 결합할 때 준말과 본말 모두 가능하다. 그래서 '화내다, 알아보다, 잘되다, 끝마치다' 같은 복합어에서도 본말과 준말이 모두 가능하다.

지금까지 보았듯이 용언과 어미 '-아/-어'가 결합할 때 한국어 모어 화자들이 실제로 말하는 것을 고려하여 본말과 준말에서 규범적으로 인정할 것을 정했다. 용언에 따라 준말이 사용되는 양상도 다양하다. 그래서 한국어 모어 화자들도 간혹 어떻게 적어야 하는지 헷갈릴 때가 있다.

앞에서(주제 12, 115쪽) 지적했듯이 어간과 어미가 만났을 때 어떻게 표기해야 하는지 사전에서 정보를 제공하므로 예들을 굳이 외우지 않아도 된다. 사전에서 정보를 제공하는 방식만 잘 익히면 어떻게 적어야 할지 어느 정도 알 수 있다.

지금까지 다룬 예 중에서 몇 개에 대해 『기초사전』에서 제공하는 정보를 제시하면 아래와 같다.

- 가다: 가는[가는], 가[가], 가니[가니], 갑니다[감니다]
- 서다: 서, 서니

- **켜다:** 켜, 켜니
- **그러다:** 그래, 그러니
- **깨다:** 깨어(깨[깨]), 깨니[깨니]
- **떼다:** 떼는[떼는], 떼어(떼[떼]), 떼니[떼니], 뗍니다[뗌니다]
- **꼬다:** 꼬아(꽈[꽈]), 꼬니[꼬니]
- **꾸다:** 꾸어(꿔[꿔]), 꾸니
- **오다:** 와, 오니, 오너라
- **놓다:** 놓는[논는], 놓아[노아](놔[놔]), 놓으니[노으니], 놓습니다[노씀니다]
- **좋다:** 좋은[조은], 좋아[조아], 좋으니[조으니], 좋습니다[조씀니다]
- **괴다:** 괴어[괴어/궤어](괘[괘]), 괴니[괴니/궤니]
- **찌다:** 찌어[찌어/찌여](쪄[쪄]), 찌니

색으로 표시한 부분이 '-아/-어'와 결합했을 때의 형태이다. 본말과 준말이 모두 가능하면 본말을 먼저 제시하고 ( ) 안에 준말을 제시하였다. [ ] 안에는 발음을 제시하였다.

도움말

❶

'차이다'는 어미 '-어'가 이어지면 '차이어'가 된다. 뒤에서(주제 17) 다루지만 '차이어'는 '차여'로 줄 수 있다. '파이다'도 어미 '-어'가 붙으면 마찬가지로 '파이어, 파여'를 쓸 수 있다. 그래서 예에서도 '차이었다, 차였다', '파이었다, 파였다'를 함께 제시하였다.

❷

한국어에서 'ㅈ, ㅉ, ㅊ'과 'ㅣ'계 모음인 'ㅑ, ㅕ, ㅛ, ㅠ' 등이 결합한 '쟈, 져, 죠, 쥬, 쨔, 쪄, 쬬, 쮸, 챠, 쳐, 쵸, 츄'는 '자, 저, 조, 주, 짜, 쩌, 쪼, 쭈, 차, 처, 초, 추와 발음으로 구분이 되지 않는다. 옛날에는 '쟈, 져, 죠, 쥬' 등과 '자, 저, 조, 주' 등이 발음으로 구분이 되었었다. 그런데 'ㅈ, ㅉ, ㅊ'이 구개음으로 바뀌면서 두 소리가 구분이 되지 않게 되었다. '쟈, 져, 죠, 쥬' 등이 실제로는 [자], [저], [조], [주] 등으로 발음이 되어 '자, 저, 조, 주' 등과 구분이 되지 않게 된 것이다.

이에 따라 이들 소리를 적을 때 다른 기준이 적용되기도 한다. '가저, 쩌, 마쳐'는 표기로는 'ㅕ'를 인정하되 발음은 [ㅓ]로 하도록 하였다. 이와 달리 뒤에서(주제 18) 다룰 '-쟎-', '-챦-'은 '-잖-', '-찮-'으로 적지 않는다. 외래어 표기에서도 'ㅈ, ㅉ, ㅊ'과 'ㅣ'계 모음이 결합한 표기를 인정하지 않는다.

벤처(O)/벤쳐(X)(venture)   비전(O)/비젼(X)(vision)
장르(O)/쟝르(X)(genre)   주스(O)/쥬스(X)(juice)
차트(O)/챠트(X)(chart)   초콜릿(O)/쵸콜릿(X)(chocolate)
텔레비전(O)/텔레비젼(X)(television)

17. 용언 어간 모음 + '-이-'의 준말

(1) 'ㅏ, ㅕ, ㅗ, ㅜ, ㅡ'로 끝난 어간에 '이'가 와서 각각 'ㅐ, ㅖ, ㅚ, ㅟ, ㅢ'로 줄 적에는 준 대로 적는다.(【맞】제37항)

본말	준말	본말	준말
차이다	채다	파이다	패다
고이다	괴다	꼬이다	꾀다
보이다	뵈다	쏘이다	쐬다
조이다	죄다	쪼이다	쬐다
누이다	뉘다	나누이다	나뉘다
뜨이다	띄다	트이다	틔다

(2) 'ㅏ, ㅗ, ㅜ, ㅡ' 뒤에 '이어'가 어울려 줄어질 적에는 준 대로 적는다.(【맞】제38항)

단어	본말	준말	단어	본말	준말
차이다	차이어	채어, 차여	파이다	파이어	패어, 파여
고이다	고이어	괴어(괘), 고여	꼬이다	꼬이어	꾀어(꽤), 꼬여
보이다	보이어	뵈어(봬), 보여	쏘이다	쏘이어	쐬어(쐐), 쏘여
조이다	조이어	죄어(좨), 조여	쪼이다	쪼이어	쬐어(쫴), 쪼여
누이다	누이어	뉘어, 누여	나누이다	나누이어	나뉘어, 나누여
뜨이다	뜨이어	띄어, 뜨여	트이다	트이어	틔어, 트여

(1) 앞에서(주제 16) 다룬 준말은 어간과 모음 어미 '-아/-어'가 결합할 때 만들어지는 준말에 관한 것이었다. 여기서 다루는 준말은 용언 어간 내부에서 모음 뒤에 '이'가 올 때 생기는 준말이다. 용언 어간 내부에서 모음 뒤에 '이'가 어울려 줄어들면 준말을 인정한다. 준말과 본말을 모두 사용할 수 있는 것이다.

용언 어간의 모음에 따라 예시를 다시 분류하면 아래와 같다. ❶

ㅏ + 이 → ㅐ: 차이다 → 채다   파이다 → 패다
ㅗ + 이 → ㅚ: 고이다 → 괴다   꼬이다 → 꾀다   보이다 → 뵈다   쏘이다 → 쐬다
　　　　　　조이다 → 죄다   쪼이다 → 쬐다
ㅜ + 이 → ㅟ: 누이다 → 뉘다   나누이다 → 나뉘다
ㅡ + 이 → ㅢ: 뜨이다 → 띄다   트이다 → 틔다

앞에서(주제 16) 본말 또는 준말이 주로 사용되는 것들도 있다고 하였다. 여기서도 마찬가지이다. 본말과 준말 둘 다 사용되는 것도 있지만 한국어 모어 화자들이 어느 한쪽만 자주 사용하는 것도 있다. 예를 들어 『기초사전』에 '나누이다'와 '나뉘다'가 모두 올라 있지만 '나뉘다'를 훨씬 더 자주 사용한다. '모이다'의 준말인 '뫼다', '쓰이다'의 준말인 '씌다'는 잘 사용하지 않아 『기초사전』에 오르지도 않았다.

(2) 'ㅏ, ㅗ, ㅜ, ㅡ' 뒤에 '-이어'가 어울린다는 것은 어간의 끝에 나타나는 '-이-' 뒤에 모음 어미 '-어'가 온다는 뜻이다. 예시에서 보듯이 이때 준말은 두 가지로 나타난다.

첫째, '이'가 앞말과 결합하여 'ㅐ어, ㅚ어, ㅟ어, ㅢ어'로 준다.

이것은 (1)과 관련되는 현상이다. (1)에서 'ㅏ, ㅗ, ㅜ, ㅡ'로 끝난 어간에 '이'가 오면 'ㅐ, ㅚ, ㅟ, ㅢ'로 줄어든다고 하였다. 이 기준에 따라 줄어든 'ㅐ, ㅚ, ㅟ, ㅢ' 뒤에 '-어'는 그대로 붙는 것이다. 그래서 예시에서 제시했듯이 '채어, 괴어, 뉘어, 띄어' 등과 같이 줄어든다.

차-+-이-+-어 → 채-+-어 → 채어
고-+-이-+-어 → 괴-+-어 → 괴어
누-(←눕-)+-이-+-어 → 뉘-+-어 → 뉘어
뜨-+-이-+-어 → 띄-+-어 → 띄어

'괴어'처럼 'ㅚ어'의 결합형은 앞에서(주제 16, 150쪽) 설명했듯이 다시 줄어 'ㅙ'로 될 수 있다. 그래서 예시에서 ( ) 안에 제시한 것처럼 '괘, 쫴, 봬, 쇄, 좨, 쫴'로 더 줄일 수 있다. 역시 앞에서(주제 16) 설명했듯이 'ㅐ어, ㅟ어, ㅢ어'는 더 줄지 않는다. 그래서 '채어, 패어, 뉘어, 나뉘어, 띄어, 틔어'는 더 줄지 않는다.

둘째, '이'가 뒤에 오는 '-어'와 결합하여 '-여'로 준다.

앞에서(주제 16, 152쪽) 다루었던 'ㅣ+어 → ㅕ'에 해당한다. 예를 들어 '가지-+-어'가 '가지어'를 거쳐 '가져'가 되는 것과 같다. 그래서 예시에서 제시했듯이 '차여, 고여, 누여, 뜨여' 등과 같이 줄어든다.

차-+-이-+-어 → 차-+-여 → 차여
고-+-이-+-어 → 고-+-여 → 고여

누-(←눕-)+-이-+-어 → 누-(←눕-)-+-여 → 누여

뜨-+-이-+-어 → 뜨-+-여 → 뜨여

지금까지 보았듯이 한국어에서는 모음과 모음이 만났을 때 줄어드는 일이 많은데 모음 뒤에 '이'가 온다고 본말과 준말이 항상 가능한 것은 아닙니다.

갑작스레(갑작스럽다) 걱정스레(걱정스럽다) 만족스레(만족스럽다)
새삼스레(새삼스럽다) 시원스레(시원스럽다) 어른스레(어른스럽다)
요란스레(요란스럽다) 자연스레(자연스럽다)

'-스레'가 붙은 말로 위에 제시한 예들은 ( ) 안에 제시된 '-스럽다'에 부사를 만드는 접미사 '-이'가 붙어 만들어진 말이다. ㅂ 불규칙 용언이어서 'ㅂ'은 줄어든다. '-스러이'가 본말이라고 할 수 있는데 '-스러이'는 규범적인 것으로 인정이 되지 않는다. '갑작스럽다'를 예로 들면 '갑작스럽다'에 '-이'가 붙으면 '갑작스러이'가 된다. '러+이'로 모음과 모음이 만났으므로 이것이 다시 줄어 '레'가 되어 최종적으로 '갑작스레'가 된다. '갑작스러이'는 사용하지 않는다. 본말은 인정하지 않고 준말만 인정한 것이다.

이와 반대로 '-로이'는 '-스레'와 유사하게 만들어진 말인데도 준말을 인정하지 않는다.

새로이(새롭다) 번거로이(번거롭다) 외로이(외롭다) 자유로이(자유롭다)

'-로이'가 붙은 말로 위에 제시한 예들은 ( ) 안에 제시된 '-롭다'에 역

시 부사를 만드는 접미사 '-이'가 붙어 만들어진 말이다. '로+이'로 모음과 모음이 만났으므로 이것이 다시 줄어 '뢰'가 될 수 있을 것이나 그렇게 줄여 사용하지는 않는다. 예를 들어 '새롭다'에 '-이'가 붙으면 '새로이'가 된다. 그런데 이 경우에는 더 줄어들어 '새뢰'처럼 말하거나 적지 않는다.

도움말

❶
 '뎌'가 사용되는 유일한 예는 '펴이다/폐다'의 짝인데 한국어 모어 화자들도 거의 사용하지 않는 단어라서 예시에서 제시하지 않았다. (2)에서 볼 수 있듯이 「한글 맞춤법」에서도 '뎌'를 제외하였다. '폐어, 펴여'라는 준말이 불가능한 것이 아닌데 쓰이지 않기 때문에 제외한 듯하다.

18. '-하-'의 줄어듦과 '-잖-', '-찮-'

(1) **어간의 끝 '-하-'의 줄어듦**(【맞】제40항)

  (가) '-하-'가 'ㅏ'가 줄고 'ㅎ'이 다음 음절의 첫소리와 어울려 거센소리로 될 적에는 거센소리로 적는다.

단어	본말	준말	단어	본말	준말
간단하-+-지	간단하지	간단치	튼튼하-+-게	튼튼하게	튼튼케
흔하-+-지	흔하지	흔치	영원하-+-도록	영원하도록	영원토록
서늘하-+-게	서늘하게	서늘케	궁금하-+-지	궁금하지	궁금치
금하-+-지	금하지	금치	분명하-+-거늘	분명하거늘	분명커늘
불쌍하-+-다	불쌍하다	불쌍타	보호하-+-고자	보호하고자	보호코자
취하-+-도록	취하도록	취토록	피하-+-지	피하지	피치

  (나) '하-'가 [ㄱ], [ㄷ], [ㅂ]로 소리 나는 말 뒤에서 아주 줄 적에는 준 대로 적는다.

단어	본말	준말	단어	본말	준말
넉넉하-+-지	넉넉하지	넉넉지	생각하-+-건대	생각하건대	생각건대
익숙하-+-지	익숙하지	익숙지	섭섭하-+-게	섭섭하게	섭섭게
답답하-+-다	답답하다	답답다	깨끗하-+-지	깨끗하지	깨끗지

(2) **'-잖-'과 '-찮-'**(【맞】제39항)

  (가) 어미 '-지' + '않-' → '-잖-'

단어	본말	준말
어렵-+-지 않으니까	어렵지 않으니까	어렵잖으니까
부럽-+-지 않게	부럽지 않게	부럽잖게

단어	본말	준말
좋-+-지 않은	좋지 않은	좋잖은
생각하-+-지 않은	생각하지 않은	생각잖은

(나) '-하지' + '않-' → '-찮-'

단어	본말	준말
온전하-+-지 않으니	온전하지 않으니	온전찮으니
확실하-+-지 않다	확실하지 않다	확실찮다

(1) '-하-'는 접미사로서 다른 말에 붙어 많은 파생어를 만들어낸다. 그런데 이 '-하-'는 뒤에 '-게, -지'처럼 자음으로 시작하는 어미가 올 때 '하'가 아주 줄기도 하고 'ㅏ'만 줄기도 한다. '하'가 아주 줄지 아니면 'ㅏ'만 줄지는 '-하-'의 앞말이 무슨 소리로 끝나는가에 달렸다.

(1나)에서 제시했듯이 앞말이 [ㄱ], [ㄷ], [ㅂ]로 끝나면 '하'가 아주 준다. 예시에서 '넉넉하다, 생각하다, 익숙하다'는 '-하-'의 앞말이 '넉넉', '생각', '익숙' 등 [ㄱ] 소리로 끝난다. 그래서 줄었을 때 '넉넉지, 생각건대, 익숙지'로 적는다. '섭섭하다, 답답하다'는 [ㅂ]로 끝나기 때문에 '섭섭게, 답답다'로 적는다. [ㄱ], [ㄷ], [ㅂ]는 표기가 아니라 소리가 기준이다. '깨끗하다'의

'깨끗'은 [깨끋]으로 발음한다. [ㄷ]로 소리가 나는 말이므로 역시 '깨끗지'로 적는다.

넉넉하-+-지 → 넉넉+-지 → 넉넉지
생각하-+-건대 → 생각+-건대 → 생각건대
익숙하-+-지 → 익숙+-지 → 익숙지
섭섭하-+-게 → 섭섭+-게 → 섭섭게
답답하-+-다 → 답답+-다 → 답답다
깨끗하-+-지 → 깨끗+-지 → 깨끗지

그 외, 즉 '-하-'의 앞말이 모음으로 끝나거나 받침에 올 수 있는 나머지 자음 [ㄴ], [ㄹ], [ㅁ], [이]이면 'ㅏ'만 준다. 남은 'ㅎ'은 뒤에 오는 자음과 결합하여 거센소리가 된다. 뒤에 오는 자음이 'ㄱ'이면 'ㅋ', 'ㄷ'이면 'ㅌ', 'ㅈ'이면 'ㅊ'이 된다. (1가)의 예시를 보면 앞말이 모음('취하다'), [ㄴ]('간단하다'), [ㄹ]('서늘하다'), [ㅁ]('궁금하다'), [이]('분명하다')으로 끝나는 것들은 남은 'ㅎ'이 뒤에 오는 어미와 결합하여 거센소리가 된다.

취하-+-도록 → 취ㅎ+-도록 → 취토록
간단하-+-지 → 간단ㅎ+-지 → 간단치
서늘하-+-게 → 서늘ㅎ+-게 → 서늘케
궁금하-+-지 → 궁금ㅎ+-지 → 궁금치
분명하-+-거늘 → 분명ㅎ+-거늘 → 분명커늘

(2) '않다'는 '아니하다'가 줄어든 말로 어미 '-지' 뒤에 이어진다. 항상

'-지' 뒤에 이어지다 보니 하나의 단어가 아니지만 '-지'와 '않-'이 결합하여 '-잖-'으로 줄어들기도 한다. '-지'의 모음 'ㅣ'와 '않-'의 모음 'ㅏ'가 만나 줄어드는 것이다. 이것이 (2가)에서 밝힌 조건이다.

어렵-+-지 않으니까 → 어렵-+-잖으니까 → 어렵잖으니까
부럽-+-지 않게 → 부럽-+-잖게 → 부럽잖게
좋-+-지 않은 → 좋-+-잖은 → 좋잖은

'좋잖은'은 발음이 [조차는]이어서 '-찮-'으로 적어야 하는 것으로 생각할 수도 있다. 그러나 [조차는]으로 발음이 되는 것은 '좋-'의 받침에 'ㅎ'이 있어 이것이 뒤따르는 '잖과 결합하면서 [조차는]으로 발음되는 것일 뿐이다. '-잖-'으로 적어야 한다.

'-하-'에 '-지'가 붙은 '-하지'는 '않-'과 결합할 때 (1)에 제시된 조건에 따라 두 가지로 나뉜다.

첫째, (1가)에 제시된 조건에 맞으면, 즉, '-하-'의 앞말이 [ㄱ], [ㄷ], [ㅂ]로 끝나지 않으면 '하-'에서 'ㅎ'만 남아 '-ㅎ+-지+않-'이 되어 '-찮-'이 된다. 이것이 (2나)에서 밝힌 조건이다.

온전하-+-지 않으니 → 온전ㅎ+-지 않으니 → 온전치 않으니 → 온전찮으니
확실하-+-지 않다 → 확실ㅎ+-지 않다 → 확실치 않다 → 확실찮다

둘째, (1나)에 제시된 조건에 맞으면, 즉, '-하-'의 앞말이 [ㄱ], [ㄷ], [ㅂ]

로 끝나면 '하'가 전부 줄기 때문에 '-지+않-'이 되어 '-잖-'이 된다. (2가)에서 밝힌 조건에 맞게 된다.

생각하- + -지 않은   → 생각 + -지 않은   → 생각잖은

'-지'와 '않-'이 결합하는 것은 앞말이 모음 'ㅣ'로 끝나고 뒷말이 모음 'ㅏ'로 시작하기 때문인데 이런 경우라면 'ㅑ'로 되는 게 일반적이다. 앞에서 (주제 16, 152쪽) 다루었듯이 'ㅣ'와 'ㅓ'가 만나면 'ㅕ'가 되는 것도 마찬가지이다. 이 조건에 따르면 '-지'와 '않-'은 '-쟎-'이 되어야 하고 '-치'와 '않-'은 '-챦-'이 되어야 한다. 그런데 규정에서는 '-잖-'과 '-찮-'을 택했다.

한국어에서 '잖'과 '쟎', '찮'과 '챦'은 발음이 구별되지 않는다. 앞에서 (주제 16, 159쪽) 설명했듯이 'ㅈ, ㅉ, ㅊ' 뒤에서 'ㅣ'계 모음인 'ㅑ, ㅕ, ㅛ, ㅠ' 등이 'ㅏ, ㅓ, ㅗ, ㅜ' 등과 발음으로 구분이 되지 않는다. 『한글 맞춤법 해설』에 따르면 준 형태가 단어가 된 것들도 있는데 이것들에서 굳이 준 과정을 표기에 드러낼 필요가 없다고 판단하여, 즉 'ㅑ'를 드러낼 필요가 없다고 판단하여 소리 나는 대로 적기로 하였다고 한다.

이것과 비교되는 것이 앞에서(주제 16, 154쪽) 다루었던, '지, 찌, 치'로 끝나는 용언에서 준말로 '져, 쪄, 쳐'를 택한 것이다. 예를 들어 '가지어'는 준말을 '가저'가 아니라 '가져'로 적는다. '가저'를 택하면 용언의 활용에서 'ㅣ'와 '-어'가 결합하여 준 것임을 드러낼 수 없다. 그래서 '가져'가 실제로 [가저]로 발음이 되어도 '가져'라고 적었다. 같은 현상인데도 표기하는 기준을 다르게 택한 것이다.

줄지 않은 '-지 않-', '-하지 않-'과 준 '-잖-', '-찮-'은 형태가 줄어든 것

뿐이므로 뜻은 다르지 않다. 상대적으로 준말을 구어에서 더 많이 사용한다는 차이 정도가 있을 것이다.

이 일은 어렵지 않으니까 내가 다 할게.
이 일은 어렵잖으니까 내가 다 할게.

사람들이 얼마나 모였는지 확실하지 않다.
사람들이 얼마나 모였는지 확실찮다.

모든 용언에 '-지 않-'이 붙을 수 있고 이것들이 모두 줄 수 있다. '-잖-'이나 '-찮-'이 쓰일 수 있는 예가 매우 많다고 할 수 있다. 일부는 준말 형태가 하나의 단어로 인정되어 사전에 올라 있다. 아래는 『기초사전』에 단어로 올라 있는 것들이다.

- **-잖다**: 같잖다 그렇잖다 달갑잖다 되잖다 오죽잖다 적잖다 점잖다
- **-찮다**: 괜찮다 귀찮다 대단찮다 마땅찮다 만만찮다 변변찮다
  수월찮다 시원찮다 심심찮다 여의찮다 우연찮다 편찮다 하찮다

이 예들 중에는 '-지 않-'과는 다른 의미로 변한 것도 있고 더 이상 '-지 않-'의 짝이 없는 것들도 있다. 예를 들어 '같-+-지 않다'가 줄어든 '같잖다', '귀하-+-지 않다'가 줄어든 '귀찮다'는 의미가 많이 달라졌다. '점잖다, 괜찮다, 하찮다'는 변화가 심하여 무엇에서 준 말인지 제시하기도 쉽지 않다. 물론 '-지 않-'과 쓰임이 크게 다르지 않은 것들도 있다.

19. 띄어쓰기

(1) **조사는 그 앞말에 붙여 쓴다.**([맞]제41항)

꽃이   꽃은   꽃에서   꽃이다   꽃처럼   꽃도
나라가   나라는   나라만   나라밖에   나라보다   나라같이

(2) **의존 명사는 띄어 쓴다.**([맞]제42항)

아는 것이 힘이다.   나도 할 수 있다.
아는 이를 만났다.   네가 뜻한 바를 알겠다.

한글로 글을 쓸 때 글자를 이어서 계속해서 쓰지 않고 띄어쓰기를 한다. 옛날에는 띄어쓰기를 하지 않았지만 20세기에 들어서면서 띄어쓰기를 본격적으로 하기 시작하였다.

띄어쓰기의 가장 중요한 기준은 "문장의 각 단어는 띄어 씀을 원칙으로 한다"([맞]제2항)이다. 이 기준에 따라 단어마다 띄어쓰기를 하는데 그

러기 위해서는 무엇이 '단어'인지 알아야 한다.

새것   새날   새말   새사람   새신랑   새엄마   새잎   새집   새해
새 생명   새 소식   새 술   새 시대   새 차   새 책   새 학기

'새'라는 말이 다른 말과 어울린 예들이다. '새것, 새날' 등은 합성어로 단어이기 때문에 붙여서 쓰고 '새 생명, 새 소식' 등은 두 단어로 이루어진 구이지 단어가 아니기 때문에 띄어서 쓴다. '새'와 다른 말이 붙은 것은 같은데 왜 단어에 대한 판단이 다를까? 두 단어가 결합하면서 의미가 달라졌는지, 얼마나 많이 쓰이는지 등 단어를 판단하는 기준이 있기는 하다. 그런데 단어를 판단하는 기준이 분명하지 않아 전문적으로 연구하는 사람에게조차 단어인지 판단하는 일은 쉽지 않다. 그래서 사전을 찾아봐서 사전에서 단어로 제시했으면 단어로 보고, 사전에 없거나 있어도 띄어서 제시했으면 단어로 보지 않는 방법을 많이 사용한다. 예로 제시한 '새' 합성어와 구도 『표준국어대사전』을 찾아보고 판단한 것이다. 그렇지만 사전에 없어도 단어인 경우도 있기 때문에 사전만 찾는다고 모두 해결되는 것도 아니다. 무엇이 '단어'인지 판단하기 어렵다는 것이 띄어쓰기가 어려운 중요한 이유 중의 하나이다.

(1)의 규정이 따로 있는 것은 한국어 학교 문법에서 조사는 단어로 보기 때문이다. 조사가 단어이면 띄어쓰기를 해야 하는데 조사를 띄어쓰기를 하면 매우 어색하다. 그래서 붙여 쓰도록 한 것이다. 따라서 사전에서 품사를 조사로 밝힌 말은 띄어쓰기를 하지 않는다. 예시에 제시된 것들이다. 이와 달리 용언 뒤에 오는 어미는 단어가 아니다. 그렇지만 어미는

반드시 용언에 붙어야 사용될 수 있기 때문에 어미도 띄어쓰기를 하지 않는다.

조사는 다른 조사나 어미 뒤에 또 올 수도 있다. 조사 뒤에 어미가 이어질 수도 있다. 조사와 조사가 결합한 것, 또는 어미와 조사가 결합한 것은 사전에 올릴 만한 특별한 것이 아니면 사전에 올리지 않는다. 그러므로 사전에 없어도 조사와 조사, 또는 어미와 조사가 결합한 것이면 붙여 써야 한다. 조사라면 앞말에 붙여야 하므로 아무리 여러 개의 조사가 이어진다 하더라도 띄어 쓰지를 않는다. 한국어 모어 화자들도 조사의 띄어쓰기를 제대로 지키지 못하는 일이 종종 있다.

밖에 나가서도 집**에서처럼** 해라.
놀라운 사실은 여기서**부터입니다**.
그는 밖으로 나가**면서까지도** 계속 떠들었다.
선생님이 "알았다."**라고** 말씀하셨다.

'집에서처럼'은 '에서'라는 조사 뒤에 다시 '처럼'이라는 조사가 붙었다. '여기서부터입니다'는 '부터'라는 조사 뒤에 '이다'라는 조사가 붙었고 '이다'라는 조사 뒤에는 어미가 와야 해서 '-ㅂ니다'라는 어미가 붙었다. '나가면서까지도'는 '-면서'라는 어미 뒤에 '까지'라는 조사가 붙고 이어서 '도'라는 조사가 붙었다. '라고'는 인용문 뒤에 사용되는 특별한 조사이다. 이에 비해 "선생님이 '알았다.' 하고 말씀하셨다."라고 할 때 '하고'는 띄어 쓴다. 이때는 '하다'라는 단어에 어미 '-고'가 붙었기 때문에 단어라서 띄어서 쓴다.

간혹 표기는 똑같지만 품사가 다르기 때문에 띄어쓰기가 다른 것들도 있다. 몇 개의 예를 보자.

- 밖에: '그것을 제외하고는', '그것 말고는'의 뜻을 나타내는 조사.
    - 나에게는 너밖에 없다.
    - 사람이 싫으면 만나지 않는 수밖에 없다.

위의 예들에서 쓰인 '밖에'는 조사이기 때문에 앞말에 붙여 쓴다. 그러나 아래의 예들에서는 '바깥'이라는 뜻을 가진 '밖'이라는 명사에 조사 '에'가 붙은 것이기 때문에 띄어서 쓴다.

문 밖에 손님이 와 있어요.
그 일은 절대 입 밖에 내지 마라.

다른 예로 '보다'와 '같이'가 있다. 예시에 제시된 '보다'와 '같이'는 조사이기에 앞말에 붙여 썼다. 그런데 '보다'와 '같이'는 부사로도 쓰인다. 부사는 단어이기 때문에 띄어서 써야 한다.

- 보다: [조사] 서로 차이가 있는 것을 비교할 때, 비교의 대상이 되는 것을 나타내는 조사.
    - 철수는 영희보다 순희를 좋아한다.
- 보다: [부사] 어떤 것과 비교해 한층 더.
    - 함께 힘을 합쳐 보다 좋은 회사를 만들죠.

- 같이: [조사] 앞의 말과 특성이 서로 비슷함을 나타내는 조사.
    - 형수와 민기는 형제**같이** 지낸다.
- 같이: [부사] 둘 이상이 함께.
    - 친구들과 **같이** 식사하러 오세요.

조사 중에는 (2)에서 다룰 의존 명사와 표기가 같은 것들도 있다. 이것들도 조사이면 붙여 쓰고 의존 명사이면 띄어 써야 한다.

- 뿐: [조사] 앞의 말이 나타내는 내용 이외에 더는 없거나 오직 그러함을 나타내는 조사.
    - 내가 좋아하는 사람은 그 사람**뿐**입니다.
- 뿐: [의존 명사] 다만 그것만이고 그 이상은 아님을 나타내는 말.
    - 나는 그 사람을 좋아했을 **뿐**입니다.

- 만큼: [조사] 앞에 말한 내용과 비슷한 정도나 한도임을 나타내는 조사.
    - 나도 너**만큼** 이 일을 할 수 있어.
- 만큼: [의존 명사] 앞의 내용과 같은 양이나 정도임을 나타내는 말.
    - 나도 네가 한 **만큼** 이 일을 할 수 있어.

- 대로: [조사] 앞의 말이 가리키는 바를 따르거나 그와 같이 함을 나타내는 조사.
    - 철수는 일이 계획**대로** 되지 않았다.
- 대로: [의존 명사] 어떤 상태 또는 상황과 같이.
    - 철수는 일이 계획한 **대로** 되지 않았다.

'뿐, 만큼, 대로'는 조사와 의존 명사의 의미가 비슷하다. 차이가 있다면 앞에 오는 말이 다르다는 점이다. 앞에 체언이 오면 조사이다. 위의 예에서 '사람(뿐), 너(만큼), 계획(대로)'은 체언이다. 이에 비해 앞에 관형사형 어미 '-ㄴ/-은'이나 '-ㄹ/-을'이 오면 의존 명사이다. 위의 예에서 '좋아했-을 (뿐)', '하-ㄴ (만큼)', '계획하-ㄴ (대로)'처럼 앞에 '-을', '-ㄴ'과 같은 어미가 왔기 때문에 이때는 의존 명사로 보고 띄어 쓴다.

(2) 의존 명사는 명사이지만 문장 내에서 홀로 나타날 수 없다. 예시로 제시한 '것, 수, 이, 바'는 앞에 보통 관형사형 어미 '-ㄴ/-은'이나 '-ㄹ/-을'로 끝나는 말이 오고 그 뒤에서 쓰인다. 이처럼 홀로 나타날 수 없지만 그래도 명사이므로 띄어쓰기를 하는 것으로 정해졌다. 의존 명사의 띄어쓰기는 한국어 모어 화자들도 잘 몰라 띄어 써야 할 의존 명사를 붙이는 경우가 많다. 아래에서 자주 사용되는 의존 명사를 일부 소개한다.

호칭어에 자주 쓰이는 '씨, 양, 군'의 경우도 의존 명사이므로 앞에 나오는 성이나 이름과 띄어 쓴다.

강인구 씨, 강 씨, 인구 씨
김선영 양, 김 양, 선영 양
조철수 군, 조 군, 철수 군

의존 명사 중에는 단위를 나타내는 명사도 있다. 이들 단위 명사는 띄어 쓴다(【맞】제43항). 일반 명사인 단위 명사도 띄어 쓴다.

과자 한 **개**   책 한 **권**   이십 **년**   차 한 **대**   소 한 **마리**   천 **미터**
옷 한 **벌**   열 한 **살**   백 **점**   신 두 **켤레**

색으로 표시한 '개, 권, 년, 대, 마리, 미터, 벌, 살, 점, 켤레' 등은 의존 명사이므로 앞말과 띄어 쓴다. 예로 제시된 '미터'(meter)를 포함하여 '그램(gram), 달러(dollar), 리터(liter), 퍼센트(percent)'처럼 단위를 나타내는 외래어도 역시 의존 명사이므로 띄어 쓴다.

다만, 순서를 나타내는 경우나 숫자와 어울려 쓰이는 경우에는 붙여 쓸 수 있다.(「맞」제43항 다만) 아래의 예들은 순서를 나타내는 것들이다. 그러므로 붙여 쓸 수도 있고 띄어 쓸 수도 있다.

- 제이 **회** 졸업식/제이회 졸업식
- 책 본문의 제삼 **장** 제일 **절** / 책 본문의 제삼장 제일절

'제(第)-'는 접두사이므로 '제일, 제이, 제삼……'처럼 붙여 써야 한다. 이처럼 순서를 나타내는 말 뒤에 '회, 장, 절'과 같은 의존 명사 또는 일반 명사가 오면 띄어 쓰는 것이 원칙이나 붙여 쓸 수도 있다. '제(第)' 없이 쓰기도 하는데 그때도 '이 회 졸업식, 삼 장 일 절'처럼 띄어 쓰거나 '이회 졸업식, 삼장 일절'처럼 붙여 쓸 수도 있다.

순서를 나타내는 경우를 포함하여 숫자를 가리키는 말은 한글보다는 아라비아 숫자로 적을 때가 많다. 이때도 띄어 쓰는 것이 원칙이나 띄어 쓰면 눈으로 보기에 좋지 않다. 아라비아 숫자로 적으면 붙여 쓸 수도 있도록 규정에서 허용하였는데 붙여 쓰는 경우가 많다.

- 과자 1개, 책 1권, 20년, 1,000미터, 11살, 100점, 신 2켤레
- 제2회 졸업식, 책 본문의 제3장 제1절
- 2회 졸업식, 책 본문의 3장 1절

'과자 1 개, 제2 회 졸업식'처럼 원칙대로 띄어 쓸 수도 있기는 하지만 일반적으로 아라비아 숫자를 사용하면 붙여 쓴다.

두 말을 이어 주거나 열거할 적에 쓰이는 말들도 띄어 쓴다.(【맞】제45항) 이들 중 일부는 의존 명사이고 일부는 부사이다.

국장 겸 과장으로 일을 하고 있습니다.
친구들과 한국 대 일본의 경기를 보았다.
이곳에는 책상, 의자, 식탁 등이 있다.
사과, 배, 귤 등등 온갖 과일이 있습니다.
우리 제품은 일본, 중국 등지로 수출합니다.

위에 제시된 '겸, 대, 등, 등등, 등지'는 의존 명사이므로 띄어 쓴다.

열 내지 스물
원서 교부 및 접수

두 말을 이어 주는 역할을 하는 '내지, 및'은 부사이므로 역시 앞말뿐만 아니라 뒷말과도 띄어 쓴다.

20. 부사 끝의 '-이'와 '-히'

부사의 끝이 [이]로만 소리 나는 것은 '이'로 적고 [히]로만 소리 나거나 [이]나 [히]로 소리 나는 것은 '히'로 적는다.(〖맞〗제51항)

(1) '이'로 적는 것

  (가) 명사 반복어 뒤

    곳곳이(곳곳+-이)   나날이(나날+-이)   다달이(다달+-이)   번번이(번번+-이)
    샅샅이(샅샅+-이)   줄줄이(줄줄+-이)   짬짬이(짬짬+-이)

  (나) 부사 뒤

    곰곰이(곰곰+-이)   더욱이(더욱+-이)   생긋이(생긋+-이)   일찍이(일찍+-이)

  (다) '-하다'가 붙지 않는 용언의 어간 뒤

    같이(같-+-이)   굳이(굳-+-이)   길이(길-+-이)   깊이(깊-+-이)
    높이(높-+-이)   많이(많-+-이)   실없이(실없-+-이)   적이(적-+-이)
    헛되이(헛되-+-이)

  (라) ㅂ 불규칙 용언의 어간 뒤

    가벼이(가볍-+-이)   기꺼이(기껍-+-이)   너그러이(너그럽-+-이)
    새로이(새롭-+-이)   외로이(외롭-+-이)   즐거이(즐겁-+-이)

  (마) 'ㅅ' 받침 뒤에서 '하다'가 붙는 어근 뒤

    깨끗이(깨끗+-이)   뜨뜻이(뜨뜻+-이)   버젓이(버젓+-이)   반듯이(반듯+-이)
    지긋이(지긋+-이)

(바) 'ㄱ' 받침 뒤에서 '하다'가 붙는 일부 어근 뒤

깊숙이(깊숙+-이) 고즈넉이(고즈넉+-이) 길쭉이(길쭉+-이)

끔찍이(끔찍+-이) 두둑이(두둑+-이) 멀찍이(멀찍+-이) 수북이(수북+-이)

촉촉이(촉촉+-이)

(2) '히'로 적는 것

(가) 'ㅅ' 받침을 제외하고 '하다'가 붙는 어근 뒤

고요히(고요+-히) 무사히(무사+-히) 자세히(자세+-히) 철저히(철저+-히)

가득히(가득+-히) 딱히(딱+-히)[16] 명백히(명백+-히) 솔직히(솔직+-히)

족히(족+-히) 간단히(간단+-히) 단순히(단순+-히) 완전히(완전+-히)

편히(편+-히) 흔히(흔+-히) 간절히(간절+-히) 성실히(성실+-히)

충실히(충실+-히) 특별히(특별+-히) 확실히(확실+-히) 꼼꼼히(꼼꼼+-히)

말끔히(말끔+-히) 무심히(무심+-히) 심히(심+-히) 급히(급+-히)

밀접히(밀접+-히) 다급히(다급+-히) 황급히(황급+-히) 굉장히(굉장+-히)

분명히(분명+-히) 소중히(소중+-히) 적당히(적당+-히) 조용히(조용+-히)

(나) '-하다'가 붙지 않는 몇몇 어근이나 용언의 어간 뒤

밝히(밝-+-히) 익히(익-+-히) 특히(특+-히) 딱히(딱+-히)

일제히(일제+-히) 공히(공+-히) 필히(필+-히)

---

[16] 여기서 말하는 '딱히'는 '딱하다'와 연관된 단어로 '처해 있는 상황이나 형편이 불쌍하게'라는 뜻의 단어이다. (2나)의 '딱히'는 '확실하게 꼭 집어서'라는 뜻의 단어로 '딱하다'와 연관이 없다.

'-이'는 명사를 만드는 접미사도 있고 부사를 만드는 접미사도 있다. 이 규정은 부사를 만드는 접미사 '-이'에 관한 규정이다. '-히'도 부사를 만드는 접미사이다. '-히'는 역사적으로는 '하다'에 접미사 '-이'가 붙은 말에서 생긴 것으로 판단한다. 그런 이유로 '히'는 주로 '하다'가 붙는 말 뒤에 붙는다. 예를 들어 (2가)에 있는 '고요히, 무사히, 자세히, 철저히'는 '고요하다, 무사하다, 자세하다, 철저하다'라는 용언에서 '-하다'가 빠진 말 뒤에 대신 '-히'가 붙어 만들어진 말들이다.

「한글 맞춤법」에서는 '-이'나 '-히'가 붙은 말은 그 앞에 오는 말과 구분하여 적도록 규정하였다. 형태주의 표기법을 적용한 것이다. 먼저 관련된 규정을 제시하면 아래와 같다.

① 용언 어간에 '-이'나 '-히'가 붙어서 부사로 된 것은 그 어간의 원형을 밝히어 적는다.([맞]제19항)
- '-이'가 붙어서 부사로 된 것

  같이(같-+-이) 굳이(굳-+-이) 길이(길-+-이) 높이(높-+-이)
  많이(많-+-이)

- '-히'가 붙어서 부사로 된 것

  밝히(밝-+-히) 익히(익-+-히)

② '-하다'가 붙는 어근에 '-히'나 '-이'가 붙어서 부사가 되거나, 부사에 '-이'가 붙어서 뜻을 더하는 경우에는 그 어근이나 부사의 원형을 밝히어 적는다.([맞]제25항)
- '-하다가 붙는 어근에 '-히'나 '-이'가 붙는 경우

급히(급+-히) 꾸준히(꾸준+-히) 딱히(딱+-히) 깨끗이(깨끗+-이)

어렴풋이(어렴풋+-이)

- 부사에 '-이'가 붙어서 역시 부사가 되는 경우

곰곰이(곰곰+-이) 더욱이(더욱+-이) 생긋이(생긋+-이)

일찍이(일찍+-이)

'-이'나 '-히'는 원칙적으로 앞말과 합쳐서 적지 않는다. 예시에서 든 것들도 모두 앞말과 분리된 것들이다.

그러나 '-하다'가 붙지 않는 경우에는 소리대로 적도록 하여 '갑자기, 반드시, 슬며시'처럼 적도록 하였다.(〈맞〉제25항 1. 붙임) '갑자기, 반드시, 슬며시'와 뜻이 통할 수 있는 '갑작하다, 반듯하다, 슬몃하다'는 단어로 없다. 그래서 '갑작이, 반듯이, 슬몃이'로 적지 않는다는 것이다.

이처럼 구분하다 보니 발음이 같은 부사인데도 다르게 적는 것들이 있다. 뜻에 따라 구분해서 써야 한다. '반듯이'가 그 예이다. '반듯하다'와 관련이 있는 뜻으로 쓰일 때는 '반듯이'로 적고 '반듯하다'와 관련이 없는 뜻으로 쓰일 때는 '반드시'로 적는다.

- **반듯이**: 비뚤어지거나 굽거나 흐트러지지 않고 바르게.
    - 종이에 줄을 **반듯이** 그어라.
    - 영희는 의자에 **반듯이** 앉았다.

  ※ **반듯하다**: 비뚤어지거나 굽거나 흐트러지지 않고 바르다.

- **반드시**: 틀림없이 꼭.
    - 저 사람은 약속한 것은 **반드시** 지킨다.
    - 범인을 **반드시** 잡도록 하겠습니다.

'지긋이'와 '지그시'도 구분이 된다.

- **지긋이**: 나이가 비교적 많아 듬직하게.
    - 내가 만난 사람은 나이가 지긋이 든 사람이었다.
  ※ **지긋하다**: 나이가 비교적 많아 듬직하다.
- **지그시**: 슬며시 힘을 주거나 조용히 참고 견디는 모양.
    - 여자는 웃음을 참으려고 입술을 지그시 깨물었다.
    - 나는 슬픔을 지그시 견뎌 냈다.

'-이'나 '-히'가 모두 용언에 붙어 부사를 만드는 역할을 하는 접미사이기 때문에 '-히'와 '-이'가 뜻에서 차이는 없다. 다만, '-이'는 명사나 부사 뒤에도 붙을 수 있기 때문에 사용 범위는 더 넓다. 뜻이 다르지 않기 때문에 같은 말 뒤에 '-이'도 붙고 '-히'도 붙을 수는 없다. '-이'가 붙으면 '-히'가 붙지 않고 '-히'가 붙으면 '-이'가 붙지 않는다.

언제 '-이'가 붙고 언제 '-히'가 붙는지 판단하기 어려운 예들이 있다. 발음으로 명확히 구분될 수 있을 듯하나 실제로는 그렇지도 않다. 어떤 단어에서는 한국어 모어 화자들이 '-이'가 붙을 때의 발음과 '-히'가 붙을 때의 발음을 둘 다 하기 때문이다. 예를 들어 '깨끗이'를 [깨끄시]라고 발음하는 사람도 있고 [깨끄치]라고 발음하는 사람도 있다. [깨끄치]라는 발음은 '깨끗'과 '-히'가 결합한 '깨끗히'를 발음할 때 나오는 소리이다. 그런데 이 단어는 (1마)에 예시로 제시했듯이 [깨끄시]로 발음하고 '깨끗이'로 적어야 한다.

위 규정에서 소리를 기준으로 하여 [이]로만 소리 나는 것은 '이'로 적고 [히]로만 소리 나거나 [이]나 [히]로 소리 나는 것은 '히'로 적는다고 하였다. 그러나 '깨끗이'에서 보았듯이 소리만으로 판단하기는 쉽지 않다는 문제점이 있다. 이 때문에 규정을 그대로 따를 수 없어 『한글 맞춤법 해설』 등에서 세부적으로 분류하였다. 그것을 토대로 필자가 (1)과 (2)로 나누어 정리하였다.

(1)과 (2)로 나누어 분류한 기준에 따르면 많은 경우는 '-이'로 적을지 '-히'로 적을지 판단할 수 있다.

'-이/-히' 앞에 오는 말이 '-하다'와도 결합할 수 있는 어근이 아니면 그 뒤에는 '-이'가 붙는다. 위에서 설명했듯이 역사적으로 '-히'는 '하다'에 '-이'가 붙은 말에서 생겼기 때문이다. '-하다'와 무관한 부사에는 '-이'가 사용되는 것이다. (1)의 (가), (나), (다), (라)가 거기에 해당한다.

(1가)는 명사가 반복된 말 뒤에 붙은 경우이다. '곳곳, 번번, 살살, 줄줄, 짬짬'은 각각 '곳, 번, 살, 줄, 짬'이라는 명사가 반복된 말이다. '나날, 다달'의 경우도 '날, 달'이라는 명사가 반복된 말인데 앞에서(주제 13, 120쪽) 설명했듯이 'ㄹ'이 줄어 '나날, 다달'이 된 말이다.

(1나)는 부사 뒤에 붙은 경우이다. '곰곰, 더욱, 생긋, 일찍'처럼 이미 부사로 사용되는 말 뒤에 다시 부사를 만드는 접미사가 붙어 뜻을 더하였다.

(1다)와 (1라)는 '-하다'와 결합하지 않은 용언 뒤에 붙은 경우이다. (1다)는 '-이' 앞에 있는 말, '같-, 굳-, 길-, 깊-, 높-, 많-, 실없-, 적-, 헛되-'가 용언의 어간이다. 다만, 여기에는 예외로 볼 것이 있다. (2나)에 포함된 '밝히, 익히'이다. 위에서 보았던 「한글 맞춤법」 제19항에서는 '밝히, 익

히'가 용언 어간에 '-히'가 붙어 부사로 된 것으로 보았다. 이에 따른다면 '-하다'와 결합하지 않은 용언 뒤에 예외적으로 '-히'가 붙은 예가 된다.

(1라)는 ㅂ 불규칙 용언 뒤에 '-이'가 붙은 예들이다. '-하다'와 결합하지 않은 용언이라는 점에서는 (1다)에 속하므로 따로 분류하지 않아도 되지만 예가 많아 따로 분류했다.

(1마)와 (1바)는 '-하다'와 결합하는 어근 중에서 '-이'가 붙은 경우이다. (1마)는 '-하다'와 결합할 수 있는 말이지만 '-하다' 앞의 어근 마지막 음절 받침이 'ㅅ'이어서 '-이'를 붙인다. '깨끗하다, 뜨뜻하다, 버젓하다, 반듯하다, 지긋하다'처럼 '-하다'와 결합한 말이 있어도 이들 뒤에서는 '-이'를 붙인다. (1바)는 '-하다' 앞의 어근 마지막 음절 받침이 'ㄱ'인 것 중에서 '-이'를 붙이는 것들이다. 왜 이들에서는 '-히'가 아닌 '-이'를 붙이는지 설명하기는 쉽지 않다.

(2)는 '-히'가 붙은 경우이다. '-하다'와 결합하는 어근 중에서 (1마)와 (1바)에 속하는 것을 제외한 다른 것들에는 '-히'가 붙는다. 어근이 'ㅅ' 받침으로 끝날 때는 모두 '-이'를 붙이므로 구분하기 어렵지 않다.

문제가 되는 것은 어근이 'ㄱ' 받침으로 끝날 때이다. (1바)의 '깊숙이(깊숙하다), 고즈넉이(고즈넉하다)' 등은 '-이'로 적고 (2가)의 '가득히(가득하다), 명백히(명백하다)' 등은 '-히'로 적는다. 발음으로도 명확히 구분이 되지 않는다. 여기에 더해 (2나)에 제시한 몇몇 단어들의 경우에는 '-하다'가 붙지 못하는 말 뒤에 '-히'가 붙었다. '-히'를 선택한 기준이 명확하지 않다.

접미사 '-이'나 '-히'가 붙은 말은 개수가 매우 많다. 지금까지 보았듯이 '-이'가 붙는지 '-히'가 붙는지 쉽게 알 수 있는 것도 있지만 '-이'인지

'-히'인지 헷갈리는 것들도 있다. 그런데 접미사 '-이'나 '-히'가 붙은 말은 대부분 사전에 있다. 지금까지 설명한 기준을 몰라도 표기를 어떻게 할지는 『기초사전』이나 『표준국어대사전』에서 찾으면 알 수 있기는 하다.

21. 접두사 '수-'의 표준어

(1) 수컷을 이르는 접두사는 '수-'로 통일한다.([표]제7항)

    수꿩 수나사 수놈 수소 수술

(2) 다음 단어에서는 접두사 다음에서 나는 거센소리를 인정한다. 접두사 '암-'이 결합되는 경우에도 이에 준한다.

    수캉아지[17] 수캐 수컷 수키와[18] 수탉
    수탕나귀[19] 수톨쩌귀[20] 수퇘지[21] 수평아리[22]

(3) 다음 단어의 접두사는 '숫-'으로 한다.

    숫양[23] 숫염소[24] 숫쥐[25]

---

17 수캉아지: 수컷인 강아지.
18 수키와: 두 개의 암키와를 엎어 잇는 기와.
19 수탕나귀: 수컷인 당나귀.
20 수톨쩌귀: 문을 여닫는 데 쓰는 쇠붙이 중에서 뾰족한 부분이 있는 것.
21 수퇘지: 수컷인 돼지.
22 수평아리: 수컷인 병아리.
23 숫양: 수컷인 양.
24 숫염소: 수컷인 염소.
25 숫쥐: 수컷인 쥐.

수컷을 이르는 '수-'는 [숟]으로 발음하는 경우가 많았다. 예를 들어 '수꿩, 수나사, 수놈, 수소'라고 표준어를 정했지만 [숟꿩], [숟나사], [숟놈], [숟쏘]라고 발음하고 '숫꿩, 숫나사, 숫놈, 숫소'와 같이 표기하는 경우를 지금까지도 간혹 접할 수 있다.

이처럼 '수'와 '숫'의 표기가 혼란이 있어 「표준어 규정」에서 이를 정리하여 몇 개의 예외를 제외하고 표준어로 '수-'를 인정하였다. (1)이 거기에 해당한다. 따라서 발음도 역시 [수꿩], [수나사], [수놈], [수소], [수술]로 해야 한다.

(2)는 다음에 오는 말의 첫소리를 거센소리로 인정하고 표기에도 반영한 것들이다. 앞에서(주제 13, 122쪽) 설명한 것처럼 옛날에 '수-'라는 말이 받침에 'ㅎ'을 가지고 있었기 때문에 뒤에 오는 말의 첫소리를 거센소리로 발음했다. 지금은 이들 발음에 혼란이 생겨 예시로 제시된 9개의 단어에 대해서만 거센소리를 인정한다.

암컷을 이르는 '암-'도 '수-'처럼 받침에 'ㅎ'을 가지고 있었기 때문에 역시 뒤에 오는 말의 첫소리를 거센소리로 발음했다. '수-'를 따라 '암-'도 9개의 단어에서만 거센소리를 인정한다.

암캉아지 암캐 암컷 암키와 암탉 암탕나귀 암톨쩌귀 암태지 암평아리

예에서 보듯이 거센소리를 인정하는 단어는 '강아지, 개, 것, 기와, 닭, 당나귀, 돌쩌귀, 돼지, 병아리'의 9개이다. 이것들 외에도 최근에는 '거미', '개미'처럼 '수-'나 '암-'을 덧붙이는 동물들이 늘고 있다. 이것들은 '수커미, 수캐미, 암커미, 암캐미'라고 하지 않는다. '수거미, 수개미, 암거미,

암개미'라고 적고 그대로 발음해야 한다. 위에 제시한 9개의 단어에 포함되지 않기 때문이다. '수-', '암-'의 받침에서 'ㅎ'이 없어진 뒤에 만들어진 말들이라서 뒷말이 거센소리가 될 수 없다고 보는 것이다.

(3) '숫양, 숫염소, 숫쥐'의 3개 단어에서만 예외적으로 '숫-'이 들어간 말을 표준어로 인정한다. 이 세 단어에는 [순]의 발음이 있다고 판단하여 인정한 것이다. 발음도 [순냥], [순념소], [순쥐]로 한다. '암-'의 경우는 「한글 맞춤법」에서 받침 자모로 'ㅆ'을 인정하지 않기 때문에 받침에 'ㅅ'을 더 적을 방법이 없다. '암양, 암염소, 암쥐'로 적고 [암냥], [암념소], [암쥐]라고 발음한다. 최근에 '수-'를 덧붙이는 동물의 수가 늘면서 사자의 수컷을 '숫사자', 나비의 수컷을 '숫나비'라고 하기도 한다. 이것들은 '숫-'을 인정한 3개 단어에 포함되지 않으므로 '수사자', '수나비'라고 적고 그대로 발음하여야 한다.

지금까지 설명했듯이 '수-'가 덧붙는 말은 뒷말의 첫소리가 거센소리가 되는 9개의 단어와 '숫'으로 바뀌는 3개의 단어를 제외한 나머지 단어에서는 모두 '수-'만 붙이면 된다.

22. 'ㅣ' 역행 동화

(1) 'ㅣ' 역행 동화가 일어난 것 중에서 다음 단어들은 동화가 적용된 형태를 표준어로 삼는다.(【표】제9항)

표준어	비표준어	비고
-내기	-나기	동갑내기, 뜨내기, 보통내기, 새내기, 서울내기, 신출내기, 여간내기, 풋내기
냄비	남비	
동댕이치다	동당이치다	내동댕이치다

(2) 기술자에게는 '-장이', 그 외에는 '-쟁이'가 붙는 형태를 표준어로 삼는다.

-장이	-쟁이
대장장이, 도배장이, 미장이, 옹기장이, 칠장이	갓난쟁이, 개구쟁이, 거짓말쟁이, 겁쟁이, 고집쟁이, 관상쟁이, 글쟁이, 멋쟁이, 무식쟁이, 방귀쟁이, 변덕쟁이, 빚쟁이, 수다쟁이, 심술쟁이, 욕심쟁이, 욕쟁이, 점쟁이, 중매쟁이, 허풍쟁이

'ㅣ' 역행 동화는 뒤에 오는 'ㅣ' 모음의 영향으로 앞에 오는 'ㅏ', 'ㅓ', 'ㅗ', 'ㅜ' 모음이 'ㅐ', 'ㅔ', 'ㅚ', 'ㅟ' 모음으로 바뀌는 현상을 말한다. 'ㅣ' 모음은 혀의 앞쪽에서 발음이 되는 전설 모음이다. 뒤에 오는 'ㅣ' 모음의 영향으로 혀의 뒤쪽에서 발음이 되는 후설 모음인 'ㅏ', 'ㅓ', 'ㅗ', 'ㅜ'가 'ㅣ'에 동화되어 전설 모음인 'ㅐ', 'ㅔ', 'ㅚ', 'ㅟ'로 바뀌는 것이다. 뒤에 오는 모음의 영향으로 앞에 오는 모음의 발음이 바뀐다고 해서 '역행'이라는 표현을 쓴다.

아기 → 애기   아비 → 애비   어미 → 에미   고기 → 괴기   죽이다 → 쥑이다

위의 예들을 보면 2음절에 '기(아기), 비(아비), 미(어미), 기(고기), 이(죽이다)' 등 모두 'ㅣ' 모음이 있다. 이 영향으로 1음절에 오는 '아, 아, 어, 고, 죽'이 '애, 애, 에, 괴, 쥑'으로 바뀌었다. 이것을 'ㅣ' 역행 동화라고 하는 것이다.

한국어에서는 'ㅣ' 역행 동화의 예를 쉽게 찾을 수 있다.

가랭이(→ 가랑이)	가재미(→ 가자미)	건데기(→ 건더기)
구데기(→ 구더기)	놈팽이(→ 놈팡이)	누데기(→ 누더기)
능구렝이(→ 능구렁이)	무데기(→ 무더기)	방맹이(→ 방망이)
아지랭이(→ 아지랑이)	엉뎅이(→ 엉덩이)	웅뎅이(→ 웅덩이)
지팽이(→ 지팡이)	지푸래기(→ 지푸라기)	챙피(→ 창피)
총잽이(→ 총잡이)	피래미(→ 피라미)	할애비(→ 할아비)
홀애비(→ 홀아비)	홀에미(→ 홀어미)	

'ㅣ' 역행 동화가 일어나는 예들은 많지만 대부분 표준어로 인정이 되지 않는다. 그래서 표기나 발음에서 'ㅣ' 역행 동화가 일어나지 않은 것을 규범적인 것으로 인정한다. 위의 예들에서도 ( ) 안에 제시된 것이 표준어이다. '애기, 에비, 에미, 괴기, 쥑이다'도 마찬가지로 표준어가 아니다. 특히 '아기, 아비, 어미'는 한국어 모어 화자들이 흔히 [애기], [애비], [에미]라고 발음하지만 '아기', '아비', '어미'라고 쓰고 글자 그대로 [아기], [아비], [어미]라고 발음하는 것을 규범적인 것으로 인정한다. 『표준어 규정 해설』에 따르면 'ㅣ' 역행 동화는 많은 단어에서 일어나는 현상이다. 그것을 다 표준어로 인정하면 변화가 너무 커서 혼란을 야기할 수 있다고 판단해서 아주 적은 범위에서만 인정하였다고 한다.

(1) 'ㅣ' 역행 동화가 일어난 것 중에서 접미사인 '-내기'와 '냄비', '동댕이치다'는 예외적으로 변화가 일어난 것을 인정하였다. '-내기'는 용언 '나다'에 접미사 '-기'가 붙어 만들어진 '나기'가 특성을 지니는 사람이라는 뜻의 접미사로 굳어진 것이다. '-나기' 대신 '-내기'로 해야 하는 것은 이 접미사가 쓰인 예만 해당한다. 즉, (1)의 비고에 제시된 예들만 해당한다. '겨울나기'의 경우는 겨울을 견디어서 난다는 뜻이기 때문에 '-내기'와 관련이 없는 단어이므로 '겨울나기'가 표준어이다.

(2) 접미사 '-장이'는 물건을 만드는 기술이 있는 사람을 뜻하는 말인 '장인'과 관련된 말이다. 이 말에 'ㅣ' 역행 동화 현상이 일어나면 '-쟁이'가 된다. 그래서 예전에는 '-쟁이'를 인정하지 않기도 하였는데 '-장이'와 관련이 없어 보이는 '-쟁이'도 있어 경계가 모호했다.
「표준어 규정」에서는 '-장이'와 '-쟁이'를 구분한다. '장인'의 뜻이 살아 있는 기술자는 '-장이'를 표준어로 인정하고 그 외에는 '-쟁이'를 표준어로 인정하였다. 기술자의 범위를 구분하는 기준이 뚜렷하지는 않지만 대체로 옛날부터 물건을 다루는 기술을 가진 기술자들을 가리키는 말에만 적용한다. 쇠를 다루는 '대장장이', 벽에 종이를 붙이는 '도배장이', 벽에 흙이나 종이를 바르는 '미장이', 옹기를 만드는 '옹기장이', 칠하는 일을 직업으로 하는 '칠장이' 등은 '-장이'로 말하고 적어야 한다. 예시에서 '-쟁이'의 예로 든 것 중에서 '관상쟁이, 글쟁이, 멋쟁이, 점쟁이'도 기술이 필요한 사람들로 볼 수도 있다. 그렇지만 물건을 다루는 기술과 관련이 없어서 '-쟁이'로 적는다.

23. '위'와 '윗'

(1) **'위' 다음에 명사가 오는 합성어에서 '웃'과 '윗'은 '윗'으로 통일한다.**([표]제12항)

  윗니 윗단 윗대 윗도리 윗동네 윗마을 윗면 윗목 윗몸 윗물 윗방
  윗배 윗부분 윗수염 윗옷 윗입술 윗자리 윗집

(2) **된소리나 거센소리 앞에서는 '위'로 한다.**

  위쪽 위채 위층 위턱[26] 위팔[27]

(3) **'아래, 위'의 대립이 없는 단어는 '웃'으로 한다.**

  웃어른 웃돈 웃옷 웃통 웃풍

---

26 위턱: 위쪽의 턱.
27 위팔: 팔의 위쪽 부분.

(1) 아래의 반대말인 '위'는 '웋'이라는 옛말에서 변한 말이다. 그러다 보니 '위'라고 말하기도 하고 '우'라고 말하기도 했었다. 이것이 '위'로 정리가 되었는데 '위'의 합성어에서도 '윗[윋]'과 '웃[욷]'으로 혼란이 많았다. 이것을 「표준어 규정」에서 '위'에 맞추어 '윗'으로 통일한 것이다. 이때 추가된 'ㅅ'은 앞에서(주제 14) 설명했던 사이시옷의 'ㅅ'이다.

(2) '윗'이 표준어이지만 뒤에 된소리나 거센소리가 올 때는 '윗' 대신 '위'로 해야 한다. 앞에서(주제 14, 127쪽) 설명했던 것처럼 뒤에 된소리나 거센소리로 시작하는 말이 올 때는 사이시옷을 적지 않기로 한 것을 여기서도 따르는 것이다.

'윗'이 아니라 '위'를 인정한 것처럼 보이는 단어로 '위아래'도 있다. '위아래'에서는 뒷말이 '아래'이므로 된소리나 거센소리가 아닌데도 '위'라고 적었다. 이것은 다른 이유 때문이다. '위아래'는 사이시옷이 들어가지 않는 단어이기 때문에 발음도 [위아래]로 한다. 그래서 사이시옷을 적을 이유가 없어 '위'를 택한 것이다.

(3) 발음이 '웃'으로 굳어버린 단어들은 예외로 보아 '웃[욷]'으로 하였다. '윗'과는 달리 뒤에 된소리나 거센소리가 올 때도 '웃'이다. 그런데 '윗'과 '웃'을 어떻게 구분할지 경계가 뚜렷하지 않다. 「표준어 규정」에서는 '아래, 위'의 대립이 없는 말에 한해 '웃'을 인정하였다.

아랫니 아랫단 아랫도리 아랫목 아랫물 아랫배 아랫사람 아랫입술
아랫집

『기초사전』에 '아랫', 즉 '아래'가 들어간 말로 제시된 것들 중 일부이다. 이들은 모두 (1)에 제시된 예시에서 짝을 이루는 '윗'이 있는 것들이다. 예를 들어 '아랫니'는 (1)에 예시로 제시된 '윗니'와 짝을 이룬다. 이처럼 '아래, 위'의 대립이 있는 말들은 '윗'으로 적는다.

이에 비해 대립이 되는 '아래/아랫'이 없는 단어는 '웃'으로 적는다. 예시에 제시된 '웃어른, 웃돈, 웃옷, 웃통, 웃풍'이 그 예이다. '아랫어른, 아랫돈, 아랫옷, 아랫통, 아랫풍'이라는 말은 없다.

'웃옷'은 설명이 필요하다. '윗옷'도 있기 때문이다. '윗옷'은 몸의 윗부분에 입는 옷을 말한다. 와이셔츠나 티셔츠 같은 것이 여기에 해당한다. '윗옷'과 짝을 이루어 몸의 아랫부분에 입는 옷, 치마나 바지 같은 것은 '아래옷'이라고 한다. 이에 비해 '웃옷'은 윗옷 겉에 또 입을 수 있는 옷을 말한다. 코트 같은 것이 여기에 해당한다. 이때는 '아래, 위'의 대립이 없기 때문에 '웃옷'이라고 하는 것이다. 의미에 따라 '윗옷'과 '웃옷'을 구분하기 때문에 다소 까다롭다.

24. 복수 표준어

다음 단어는 모두 표준어로 인정한다.

번호	표준어		비고
(1)	네	예	【표】제18항
(2)	쇠-	소-	쇠가죽/소가죽, 쇠고기/소고기, 쇠꼬리/소꼬리, 쇠똥/소똥, 쇠뿔/소뿔 【표】제18항
(3)	가엾다	가엽다	【표】제26항
(4)	-뜨리다	-트리다	깨뜨리다/깨트리다, 떨어뜨리다/떨어트리다, 빠뜨리다/빠트리다, 터뜨리다/터트리다 【표】제26항
(5)	바른	오른	바른손/오른손, 바른쪽/오른쪽, 바른편/오른편 【표】제26항

다른 언어에서와 마찬가지로 한국어에서도 지역마다 말이 달라 의사소통에 어려움이 있었다. 의사소통의 어려움을 덜기 위해 1930년대부터 표준어를 정하는 작업을 꾸준히 하여 왔다. 의사소통을 위해 사용하는

말이 하나인 것이 바람직하기 때문에 여러 단어 중에서 서울 지역의 말을 중심으로 표준어는 보통 하나만 선택했다. 그렇지만 둘 이상의 형태가 널리 쓰이면 그것들을 모두 표준어로 인정하기도 하였다. 이것을 복수 표준어라 한다.

한국에서는 방송, 교과서와 같이 공적으로 언어를 사용하는 곳에서는 표준어를 사용해야 한다는 의식이 강한 편이다. 표준어인지 아닌지는 대부분 사전을 찾으면 확인할 수 있다. 사전에는 표준어가 아니지만 사람들이 헷갈릴 수 있는 말을 올리기도 하여 표준어인지 아닌지 판단하는 데는 사전이 크게 도움이 된다. 여기서는 사전을 찾으면 표준어인지 알 수 있는 것은 빼고 중요하다고 판단되는 복수 표준어 몇 개만 설명하기 위하여 뽑았다.

(1) 윗사람의 말에 대답할 때 쓰는 말인 '네'와 '예'는 둘 다 널리 쓰이고 있기 때문에 복수 표준어로 인정하였다. '네'라고 답하든 '예'라고 답하든 다 표준어를 사용하는 것이다. ❶

(2) '쇠-'는 옛날에 가축의 하나인 '소'에 조사 '의'의 뜻을 가진 'ㅣ'라는 말이 붙어 만들어진 말로 '소의'라는 뜻이었다. 이 'ㅣ'가 쓰인 예가 더 있다. 앞에서(주제 15, 140쪽) 이미 다루었는데 '나의'의 뜻을 가진 '내', '너의'의 뜻을 가진 '네', '저의'의 뜻을 가진 '제'이다. '내'는 '나+ㅣ', '네'는 '너+ㅣ', '제'는 '저+ㅣ'로 만들어진 말이다.

'내, 네, 제'는 여전히 쓰이지만 '쇠-'는 시간이 흐르면서 사용 범위가 줄어들어 이제는 소의 부위나 소의 특성이 있음을 뜻하는 접두사로만 쓰인다. 예전에는 '쇠-'만을 써서 '쇠가죽, 쇠고기'라고만 하였다. 그런데 점차 '소가죽, 소고기'처럼 '쇠-' 대신 '소-'를 쓰는 사람들이 늘어나게 되자 둘 다 표준어로 인정하였다. '쇠-'가 붙은 특정한 단어가 아니라 접두사 '쇠-'에 대하여 '소-'를 표준어로 인정한 것이다.

'쇠-'와 '소-'를 복수로 표준어로 인정하였기 때문에 '쇠-'가 들어간 말에 대해 모두 '소-'가 들어간 말이 짝으로 인정이 된다. (2)의 '비고'에 제시된 것처럼 '쇠가죽, 쇠고기, 쇠꼬리, 쇠똥, 쇠뿔'과 그 말들에 짝이 되는 '소가죽, 소고기, 소꼬리, 소똥, 소뿔'이 모두 『기초사전』에 올라 있다.

'쇠-'와 '소-'가 모두 표준어로 인정이 되어도 어느 것을 더 많이 쓰는가에는 차이가 있다. 그러다 보니 5만여 개의 단어로 제한한 『기초사전』에서는 쓰임이 적다고 판단된 말은 올리지 않았고 '쇠-'나 '소-' 중에서 어느 한쪽만 사전에 있기도 하다.

'쇠-'가 들어간 말만 있는 것은 아래와 같다.

쇠갈비 쇠고집 쇠귀 쇠기름 쇠머리 쇠뼈 쇠죽

『표준국어대사전』에는 이것들의 짝이 되는 '소갈비, 소고집, 소귀, 소기름, 소머리, 소뼈, 소죽' 등 '소-'가 붙은 말들도 모두 올라 있다.

(3) '가엾다'와 '가엽다'는 형태가 매우 비슷하지만 복수 표준어로 인정이 되었다.

저 아이는 부모 없이 혼자 살고 있대. 참 [가엽따].
추운 데 떨고 있는 강아지가 [가여워서][가엽써서] 집으로 데려 왔다.

한국어 모어 화자들은 불쌍하고 딱하다는 뜻의 말을 할 때 자음 어미 앞에서는 [가엽]이라고 발음한다. 그런데 모음으로 시작하는 어미가 이어지면 두 가지로 발음한다. 예를 들어 어미 '-어서'가 이어질 때 위와 같이 [가여워서]라고 하기도 하고 [가엽써서]라고 하기도 한다. 각각 '가엽다'와 '가엾다'로 보았을 때 이 발음들이 설명된다.

'가엽다'는 당연히 자음 앞에서 [가엽]으로 발음이 나므로 '가엽다'는 [가엽따]로 발음한다. 그리고 앞에서(주제 12, 106쪽) 설명했듯이 ㅂ 불규칙 용언은 뒤에 모음으로 시작하는 어미가 이어지면 [가여우]로 발음이 바뀌므로 모음 어미 '-어서'와 만나면 [가여워서]라고 발음하게 된다.

'가엾다'는 앞에서(주제 2, 37쪽) 다루었듯이 자음 어미 앞에서는 받침에서 하나만 발음할 수 있다. 받침의 ㅅ이 줄어 [가엽]으로 발음이 나므로 '가엾다'는 [가엽따]로 발음한다. '없다'를 [업따]라고 발음하는 것과 같다. 그리고 뒤에 모음으로 시작하는 어미가 이어지면 받침의 자음이 둘 다 발음이 되므로 당연히 '가엾어서'는 [가엽써서]라고 발음하게 된다.

모음 어미 앞에서 나는 두 가지 발음을 규범적인 발음으로 인정하였기 때문에 형태가 매우 비슷한 두 개의 단어를 복수 표준어로 인정하였다.

(4) '-뜨리다'와 '-트리다'는 주로 '-아/-어'로 끝나는 형태 뒤에 붙어 강조의 뜻을 더하는 접미사이다. 둘 다 널리 쓰이기 때문에 복수 표준어로 인정하였다. (2)의 '쇠-/소-'와 마찬가지로 이것도 접사를 복수 표준어로 인정한 것이다 그래서 이것도 '쇠-/소-'와 마찬가지로 '-뜨리다'가 붙는 모든 형태에 짝이 되는 '-트리다'도 있다. (4)의 '비고'에 몇 개의 예를 제시하였다. 그리고 역시 (2)와 마찬가지로 쓰임의 차이 때문에 『기초사전』에 짝이 되는 말이 다 올라 있지는 않다.

(5) '바른'과 '오른'은 뒤에 오는 명사를 수식하는 관형사이다. 오른쪽을 뜻하는 말인데 둘 다 널리 쓰이기 때문에 복수 표준어로 인정하였다. '바른'에 다른 말이 붙어 합성어를 만든 것이 있는데 오른쪽을 뜻하는 합성어일 때는 (2)의 '쇠-/소-'와 마찬가지로 '바른'이 붙는 모든 형태에 '오른'이 붙은 형태의 짝이 있다. 그리고 (2)와 마찬가지로 쓰임의 차이 때문에 사전에 짝이 되는 말들이 다 있지는 않다. (5)의 예시에서 보듯이 '바른손/오른손, 바른쪽/오른쪽, 바른편/오른편'은 『기초사전』에 둘 다 올라 있다. 이와 달리 '오른발, 오른팔'은 '오른'만 올라 있다. 『표준국어대사전』에는 '바른발, 바른팔' 등 '바른'도 올라 있다.

'바른'은 어긋나지 않는다는 뜻의 '바르다'에서 온 말이다. '오른'은 지금은 '옳다'로 쓰는, 규범에 맞는다는 뜻의 단어에서 온 말이다. 참고로 '오른'의 반대말은 '왼'이다. 옛날에 그르다는 뜻을 가진 단어였던 '외다'에서 온 말이다. 과거 왼쪽을 나쁘게 평가하면서 생긴 표현이라 할 수 있다. '바른'이 들어간 말은 예전에는 표준어로 인정하지 않았기 때문에 지금도 '오른'보다는 듣기 힘든 편이다.

도움말

❶
　긍정의 대답인 '네/예'에 반대되는 부정의 대답은 '아니요'이다. '아뇨'라고도 할 수 있다. '아뇨'는 '아니요'가 줄어든 말이다. '아니요'는 '아니오'라고 잘못 적는 일이 많다. 한국어 모어 화자들이 '아니오'를 [아니요]로도 발음하기 때문이다. 「표준 발음법」에서 '이오', '아니오'는 [이요], [아니요]로도 발음할 수 있도록 허용하였으므로(【발】제22항 붙임) '아니오'는 [아니오]라고 발음해도 되고 [아니요]라고 발음해도 된다. 그래서 '아니오'와 '아니요'를 구분하여 적기가 쉽지 않다.
　윗사람이 아닌 상대방에게 대답할 때 긍정의 대답은 '응'이라 말하고 부정의 대답은 '아니'라고 말한다. 이 '아니'에 높임의 뜻을 나타내는 조사 '요'가 붙은 것으로 보기 때문에 '네/예'의 짝이 되는 말은 '아니요'라고 보는 것이다.
　그렇지만 '아니오'가 쓰일 때도 있다. '이것은 책이 아니오.'처럼 '아니다' 뒤에 어미 '-오'가 붙으면 '아니오'라고 적는다. [아니오] 또는 [아니요]라고 발음할 수는 있지만 '아니오'라고만 적는다.(【맞】제15항 붙임 2)

25. [ㄴ] 소리 첨가

(1) 합성어나 파생어에서, 앞말이 받침으로 끝나고 뒷말이 '이, 야, 여, 요, 유'로 시작하면 [ㄴ] 소리를 첨가하여 [니, 냐, 녀, 뇨, 뉴]로 발음한다.(【발】제29항)

웬일(웬+일)[웬닐]   힘입다(힘+입다)[힘닙따]   한여름(한+여름)[한녀름]
양옆(양+옆)[양녑]   담요(담+요)[담뇨]   식용유(식용+유)[시공뉴]
소독약(소독+약)[소동냑]   낯익다(낯+익다)[난닉따]   뒷일(뒷+일)[된닐]
꽃잎(꽃+잎)[꼰닙]   잡일(잡-+일)[잠닐]   앞일(앞+일)[암닐]

(2) 'ㄹ' 받침 뒤에 첨가되는 [ㄴ] 소리는 [ㄹ]로 발음한다.

별일(별+일)[별릴]   볼일(볼+일)[볼릴]   설익다(설+익다)[설릭따]
물약(물+약)[물략]   서울역(서울+역)[서울력]
생활용품(생활+용품)[생활룡품]   휘발유(휘발+유)[휘발류]

(3) 두 단어를 이어서 한 단어처럼 발음하는 경우에도 위 (1), (2)에 맞춰 발음한다.

한 일[한닐]   먹은 엿[머근녇]   옷 입다[온닙따]
할 일[할릴]   먹을 엿[머글렫]   잘 입다[잘립따]

(4) 다음과 같은 말들은 [ㄴ] 소리를 첨가하여 발음하되, 표기대로 발음할 수 있다.

검열[검녈/거멸]   금융[금늉/그뮹]   이죽이죽[이중니죽/이주기죽]

한국어에서는 합성어나 파생어에서 앞말에 받침이 있고 뒷말이 '이, 야, 여, 요, 유'로 시작하면 [ㄴ] 소리를 첨가하는 현상이 있다. (1)에 제시된 예시에서 볼 수 있는 것처럼 발음에서는 [ㄴ]가 첨가되지만 표기에서는 'ㄴ'을 추가하지 않는다. '웬일'을 예로 보자. 발음이 [웬닐]로 난다. 그렇지만 '웬'과 '일'이 합쳐진 합성어이기 때문에 '웬일'로만 적는다. '웬'과 '일'의 형태를 살리기 위하여 [ㄴ] 소리를 추가한 '웬닐'로 적지 않는다.

[ㄴ]라는 발음이 추가되면서 다른 발음 현상이 이어서 나타난다. 그중의 하나가 비음화이다. 앞에서(주제 2, 38쪽) 설명한 것처럼 뒷말에 비음 [ㄴ]가 오면 비음화가 일어나게 된다. 그 앞말 받침에 있는 [ㄱ]는 [ㅇ]으로 ((1)의 예시의 '소독약'), [ㄷ]는 [ㄴ]로((1)의 예시의 '낯익다, 뒷일, 꽃잎'), [ㅂ]는 [ㅁ]로((1)의 예시의 '잡일, 앞일') 발음이 바뀐다.

소독약[소독냑 → 소동냑]　낯익다[낟닉따 → 난닉따]　뒷일[뒫닐 → 뒨닐]
꽃잎[꼳닙 → 꼰닙]　잡일[잡닐 → 잠닐]　앞일[압닐 → 암닐]

다른 하나는 유음화이다. 앞말 받침으로 'ㄹ'이 있으면 [ㄹ]와 [ㄴ]가 만나게 된다. 앞에서(주제 2, 39쪽) 설명했듯이 유음화에 의해 뒤의 [ㄴ]가 [ㄹ]로 발음이 바뀌어 [ㄹ][ㄹ]로 발음한다. (2)에 제시된 예시들이 그 예들이다.

별일[별닐 → 별릴]　볼일[볼닐 → 볼릴]　설익다[설닉따 → 설릭따]
물약[물냑 → 물략]　서울역[서울녁 → 서울력]　생활용품[생활뇽품 → 생활룡품]
휘발유[휘발뉴 → 휘발류]

[ㄴ] 첨가는 두 단어를 이어서 발음할 때도 적용된다. (3)에 제시된 예시들이 그 예들이다.

한 일[한닐]   먹은 엿[머근녇]   옷 입다[온닙따 → 온닙따]
할 일[할닐 → 할릴]   먹을 엿[머글녇 → 머글렫]   잘 입다[잘닙따 → 잘립따]

예시로 제시된 '한 일, 먹은 엿, 옷 입다, 할 일, 먹을 엿, 잘 입다'를 보면 모두 띄어쓰기를 한 데서 알 수 있듯이 두 단어가 이어진 구이다. 그런데도 '한 일, 먹은 엿'이 [하닐], [머그녇]으로 발음이 되지 않고 [ㄴ]가 추가되어 [한닐, 머근녇]으로 되었다. '옷 입다'는 [온]+[닙따]에서 비음화가 되어 [온닙따]로 발음한다. '할 일, 먹을 엿, 잘 입다'는 유음화에 의해 [ㄴ]를 [ㄹ]로 바꾸어 발음한다. (1)과 (2)에서 보았던 발음 현상을 두 단어가 이어질 때도 똑같이 볼 수 있다.

그렇지만 두 단어로 인식하고 발음할 때는 [ㄴ] 첨가가 일어나지 않는다. 예를 들어 '잘 입다'를 [자립따]로도 발음할 수 있는데 이때는 '잘'과 '입다'를 두 단어로 인식하고 발음한 것으로 해석한다. 두 단어가 이어질 때 규정에서 제시한 기준에 맞으면 반드시 [ㄴ]를 첨가해서 발음해야 하는 것은 아니다.

[ㄴ] 소리 첨가는 같은 조건을 가진 모든 단어에서 일어나는 것은 아니다.

㉮ 웬일(웬 + 일)[웬닐]   첫여름(첫 + 여름)[천녀름]   눈요기(눈 + 요기)[눈뇨기]
㉯ 큰일(큰 + 일)[크닐]   첫인상(첫 + 인상)[처딘상]   눈인사(눈 + 인사)[누닌사]

㉠는 [ㄴ]가 첨가되는 예이고, ㉡는 [ㄴ]가 첨가되지 않는 예이다. ㉢도 역시 앞말에 받침이 있고 뒷말이 '이'로 시작되어 기준을 충족한다. 그렇지만 [ㄴ]가 첨가되지 않는다. 『기초사전』에 따르면 ㉢에 제시된 '큰일'은 뜻에 따라 [크닐]과 [큰닐]로 발음이 바뀌는 드문 예이다.

㉢ 밖이 시끄러운 걸 보니 무슨 **큰일**[크닐]이 난 것 같다.
㉣ 결혼은 살아가면서 치르는 **큰일**[큰닐] 중의 하나이다.

㉢의 '큰일'은 힘이 많이 들고 중요한 일이라는 뜻의 '큰일'인데 [크닐]로 발음하는 것이 규범적인 발음이다. ㉣의 '큰일'은 결혼이나 장례와 같은 집안의 큰 행사라는 뜻의 '큰일'인데 [큰닐]로 발음하는 것이 규범적인 발음이다.

이처럼 기준에 맞으면 반드시 일어나는 현상이 아니다 보니 사람에 따라 발음을 다르게 하기도 한다. 아래의 예들은 [ㄴ]를 첨가하는 것이 규범적인 발음이지만 실제로 첨가하지 않는 발음도 많이 들을 수 있는 예들이다.

단어	[ㄴ] 첨가 규범 발음	규범적이지 않은 발음
낯익다	[난닉따]	[나딕따]
늑막염	[능망념]	[늑마겸]
막일	[망닐]	[마길]
몰이해	[몰리해]	[모리해]
솜이불	[솜니불]	[소미불]

사전에 있는 단어들은 발음을 확인할 수 있지만 사전에 없는 말들은 어떻게 발음할지 한국어 모어 화자들도 헷갈릴 때가 많다. 아래는 국립국어원의 '온라인가나다'에 문의가 들어왔던 사례이다.

표기	[ㄴ] 첨가한 발음	[ㄴ] 첨가하지 않은 발음
닭 양념구이[28]	[당냥념구이]	[다걍념구이]
나말 여초[29]	[나말려초]	[나마려초]
무릎 약[30]	[무름냑]	[무르박]
첫 열매[31]	[천녈매]	[처덜매]
김유빈	[김뉴빈]	[김유빈]

위에서 보듯이 [ㄴ]를 첨가한 발음과 [ㄴ]를 첨가하지 않은 발음이 모두 가능한 예들이다. 한국어 모어 화자들조차 발음이 확실하지 않아 전문 기관인 국립국어원에 문의를 한 것이다. '닭 양념구이, 나말 여초, 무릎 약, 첫 열매'는 띄어쓰기를 한 것에서 볼 수 있듯이 두 단어가 이어진 것으로, 즉 구로 해석할 수 있다. 두 단어를 한 단어처럼 발음하는 방법을 정한 (3)의 조건에 맞는다. 그러므로 두 발음이 모두 규범적인 발음이라고 할 수 있다.

마지막 '김유빈'은 인명이다. 이 예에서 보듯이 인명에서도 [ㄴ] 첨가가

---

28 닭 양념구이: 닭을 양념하여 구운 음식.
29 나말 여초: 한국 역사에서 신라 시대의 말기에서 고려 시대의 초기까지를 일컫는 말.
30 무릎 약: 무릎이 아픈 데 먹는 약.
31 첫 열매: 처음 따는 열매.

가능한 환경일 때는 [ㄴ]를 첨가하여 발음하기도 한다. 사람의 성과 이름은 붙여 쓴다는 점에서 보면 두 단어가 이어지는 것이 아니라고 할 수도 있고, 이름이 홀로 쓰이기도 하므로 두 단어가 이어지는 것이라고 할 수도 있다. 인명을 읽는 방법은 규범적으로 정해진 것이 없다.

하나의 단어 내에서라도 [ㄴ]를 첨가한 발음과 [ㄴ]를 첨가하지 않은 발음이 둘 다 많이 쓰이면 둘 다 인정하기도 한다. (4)에 제시된 예들이다.

	검열	금융	이죽이죽
[ㄴ]를 첨가한 발음	검녈	금늉	이중니죽
[ㄴ]를 첨가하지 않은 발음	거멸	그뮹	이주기죽

'이죽이죽'은 [ㄴ]가 첨가되면서 앞말 받침의 [ㄱ]와 [ㄴ]가 만나 비음화하여 최종적으로 발음이 [이중니죽]이 되었다.

2017년 3사분기에 국립국어원에서 추가로 아래의 단어들의 발음을 두 가지로 발음할 수 있음을 인정하여 하나의 발음만 인정하였던 『표준국어대사전』의 내용을 고쳤다.

감언이설[가먼니설/가머니설] 괴담이설[32][괴담니설/괘다미설] ❶
밤이슬[밤니슬/바미슬] 연이율[연니율/여니율]
순이익[순니익/수니익] 강약[강냑/강약]
의기양양[의기양냥/의기양양] 영영[영녕/영영]

---

32 괴담이설: 괴상하고 이상한 이야기.

도움말

❶
'ㅚ'는 단모음인 [ㅚ]뿐만 아니라 이중 모음인 [ㅞ]로도 발음할 수 있다.「표준 발음법」에서 'ㅚ'는 단모음으로 발음해야 하지만 이중 모음으로 발음하는 것도 허용하였다.(【발】제4항) 그래서 '괴담이설'의 발음은 [괴담니설/궤담니설/괴다미설/궤다미설]이 모두 가능하다.『기초사전』에는 없고『표준국어대사전』에만 있는 단어이다.『기초사전』처럼『표준국어대사전』에서도 이 네 개를 모두 보여주기가 번거로워 [괴담니설/궤다미설]만 제시하였다. 앞에서(주제 10, 96쪽) 이미 설명하였다.

26. 외래어의 받침 표기

외래어는 받침에는 'ㄱ, ㄴ, ㄹ, ㅁ, ㅂ, ㅅ, ㅇ'만을 쓴다.(【외】제3항)

액세서리(accessory)	노트북(notebook)	핸드백(handbag)	트럭(truck)
디자인(design)	텔레비전(television)	초콜릿(chocolate)	파일(file)
모델(model)	디지털(digital)	시스템(system)	게임(game)
커피숍(coffee shop)	그룹(group)	리더십(leadership)	헬스클럽(health club)
인터넷(internet)	로봇(robot)	슈퍼마켓(supermarket)	쇼핑(shopping)
레스토랑(restaurant)			

　다른 언어로부터 들어와 한국어의 단어로 사용되는 외래어는 한국어의 언어 질서를 따르지만 간혹 외래어의 특성으로 독특한 모습을 보이기도 한다. 대표적으로 앞에서(주제 8) 다루었던 두음 법칙을 들 수 있다. 옛날부터 쓰이던 한국어에는 두음 법칙 때문에 'ㄹ'로 시작하는 단어가 거의 없었는데 외래어는 두음 법칙을 따르지 않고 어두에서 'ㄹ'을 그대로

쓴다. 그래서 한국어에서 'ㄹ'로 시작하는 말은 대부분 외래어이다.

라디오 라면 레몬 레스토랑 렌즈 렌터카 로그인 로봇 리듬 리모컨 리본 리터

이 규정에서 정한 받침의 표기도 외래어만의 독특한 모습이다. 한국어는 형태주의 표기법을 택했기 때문에 받침에 적을 수 있는 자모가 27개라고 앞에서(주제 1, 27쪽) 설명한 바 있다. 이에 따라 외래어에서도 간혹 원래 언어의 발음을 고려하여 받침에 'ㅋ, ㅌ, ㅍ'과 같은 자모를 사용하기도 한다. 그런데 이 규정에서는 7개의 자모를 제외한 나머지 자모를 받침으로 사용하지 않도록 정하였다.

앞에서(주제 2) 받침 표기는 모음 앞에서 나는 소리를 기준으로 정한다고 한 바 있다. 외래어의 경우에는 모음을 이어서 발음할 때 7개의 자모를 제외한 발음을 하지 않는다.

단어	+이	+을	+은
노트북	노트북이[노트부기]	노트북을[노트부글]	노트북은[노트부근]
커피숍	커피숍이[커피쇼비]	커피숍을[커피쇼블]	커피숍은[커피쇼븐]
인터넷	인터넷이[인터네시]	인터넷을[인터네슬]	인터넷은[인터네슨]

'노트북'은 notebook에서 온 말이므로 원래의 발음이 [k], 커피숍은 coffee shop에서 온 말이므로 [p], 인터넷은 internet에서 온 말이므로 [t]로 되는 말이다. [k], [p], [t]는 한국어에서 보통 각각 'ㅋ, ㅌ, ㅍ'로 적는다. 실제로 '커피숍'은 지금도 '커피숖'이라고 적는 경우를 종종 볼 수 있

다. 그런데 뒤에 모음이 올 때 보면 위의 예에서 보듯이 각각 [ㄱ], [ㅂ], [ㅅ]로 발음한다.

한국어에서 대표로 발음되는 음을 생각하면 [t]는 [ㄷ]로 발음해야 할 듯하다. 그런데 '인터넷이'[인터네시]와 같은 예에서 보듯이 [ㄷ]이 아니라 [ㅅ]로 발음한다. 뒤에 모음을 붙이지 않고 '인터넷'이라고 말할 때만 [인터넫]이라고 발음한다. 'ㅅ'은 받침에서 [ㄷ]로 발음이 되므로 [t]는 한국어에서 'ㅅ'으로 받아들였다고 할 수 있다. 한국어에서 받침에서 발음할 수 있는 소리는 [ㄱ], [ㄴ], [ㄷ], [ㄹ], [ㅁ], [ㅂ], [ㅇ]의 7개이다. 그런데 외래어에서는 [ㄷ]로 받침에서 나는 소리가 뒤에 모음이 이어질 때는 [ㅅ]로 소리가 난다. 그래서 「외래어 표기법」에서는 'ㄱ, ㄴ, ㄹ, ㅁ, ㅂ, ㅅ, ㅇ'으로 'ㄷ' 대신에 'ㅅ'을 넣어 7개만 받침에서 적도록 정하였다.

외래어 표기에서는 받침에서 이 7개의 자모에 포함되지 않는 다른 자모를 사용하면 규범적인 것으로 인정하지 않는다. 일반 단어뿐만 아니라 인명, 지명, 상품 이름, 회사 이름과 같은 고유 명사도 다른 언어에서 들어온 말이면 모두 한글로 적을 때 이 기준을 따라야 한다.

27. 외래어의 된소리 표기

외래어는 파열음 표기에는 된소리를 쓰지 않는 것을 원칙으로 한다.(【외】제4항)

• 예사소리로 적은 예

　　가스(gas)　　게임(game)　　골(goal)　　달러(dollar)　　댐(dam)
　　바나나(banana)　박스(box)　　버스(bus)　　보너스(bonus)

• 거센소리로 적은 예

　　컴퓨터(computer)　케이크(cake)　쿠키(cookie)　킬로미터(kilomter)
　　택시(taxi)　　토마토(tomato)　트럭(truck)　프라이팬(frypan)　플라스틱(plastic)

　　한국어에서는 파열음이 예사소리, 된소리, 거센소리 3가지로 구분된다. 그래서 'ㄱ-ㄲ-ㅋ, ㅂ-ㅃ-ㅍ, ㄷ-ㄸ-ㅌ'로 구분하여 적는다. 이에 비해 영어, 일본어, 프랑스어와 같은 언어의 파열음은 유성음과 무성음으로 구분이 된다. 이처럼 언어 사이에 소리의 차이가 있다 보니 외래어에 파

열음이 있을 때 이것을 한국어의 예사소리, 된소리, 거센소리 중에서 어느 소리로 받아들일지 혼란이 있었다.

같은 파열음이라 해도 다른 언어의 유성음은 한국어에서는 단어에 따라 예사소리로 받아들이기도 하고 된소리로 받아들이기도 하였다. 그리고 무성음은 된소리로 받아들이기도 하고 거센소리로 받아들이기도 하였다. 위의 예시에서 예사소리로 적은 단어들은 영어에서 유성음, [g], [d], [b]로 발음하는 단어들로 'ㄱ, ㄷ, ㅂ'로 적었지만 [ㄲ, ㄸ, ㅃ]로 흔히 발음하는 것들이다. 그래서 아래처럼 된소리로 적기도 한다.

까스 께임 꼴 딸러 땜 빠나나 빡스 뻐스 뽀너스

된소리를 표기에 반영하거나 된소리로 발음하거나 모두 규범적인 것으로 인정이 되지 않는다.

같은 유성음이 있는 단어들인데도 아래의 단어들은 한국어 모어 화자들이 거의 된소리로 발음하지 않는다.

개그(gag) 기타(guitar) 다이어트(diet) 데이트(date) 벨트(belt)
블라우스(blouse)

같은 유성음으로 발음하는 단어라도 언제 어떻게 이들 외래어를 받아들였는가에 따라 한국어 모어 화자들이 발음을 다르게 하는 습관이 생긴 것이다. 즉 받아들인 과정에 따라 같은 유성 파열음 [g, d, b]인데도 한국어 모어 화자들은 발음을 다르게 하는 것이다.

원래의 언어에서 무성음으로 발음되는 단어들도 된소리로 발음하거나 표기하는 일도 있다.

카페(cafe)   트로트(trot)   파이프(pipe)

위의 단어들은 '까페, 뜨로뜨, 빠이프'와 같이 적기도 한다. 된소리로 발음을 하면서 표기를 그렇게 하는 것이다. 그렇지만 이들 단어를 된소리로 적거나 발음하는 것은 모두 규범적인 것으로 인정이 되지 않는다.

영어에 비해 일본어, 프랑스어와 같은 언어의 무성음은 한국어 모어 화자들의 귀에 된소리에 가깝게 들린다. 실제로 일본어, 프랑스어에서 온 말은 된소리로 표기하는 경우를 지금도 종종 볼 수 있다.

㉮ 교또, 도꾜, 오사까
㉯ 낭뜨, 브르따뉴, 뿌아띠에

㉮는 일본의 도시 이름을 일부 든 것인데 '교토, 도쿄, 오사카'로 적어야 하는 것들이다. ㉯는 프랑스의 도시 이름인데 '낭트, 브르타뉴, 푸아티에'라고 적어야 하는 것들이다.

지금까지 예를 들었듯이 유성음과 무성음을 한국어에서 받아들이면서 예사소리, 된소리, 거센소리로 표기하는 데 혼선이 있었다. 이를 정리하기 위하여 「외래어 표기법」에서 유성음은 예사소리, 즉 'ㄱ, ㄷ, ㅂ'로 적고 무성음은 거센소리, 즉 'ㅋ, ㅌ, ㅍ'로 적도록 하여 된소리를 사용하지

않도록 한 것이다. ❶

한국어에는 된소리로 'ㅆ, ㅉ'가 더 있다. 'ㅆ'은 마찰음, 'ㅉ'은 파찰음이어서 파열음이 아니다. 이 두 자모는 1986년에 「외래어 표기법」을 만들면서 이미 일본어와 중국어에서 온 말을 적을 때 몇 개의 소리에서 사용할 수 있도록 정하였다. 그래서 규정에서 파열음에서만 된소리를 쓰지 않는다고 한 것이다.

• 일본어의 된소리 표기

가 나	한 글	
	어 두	어 중·어 말
サ シ ス セ ソ タ チ ツ テ ト	사 시 스 세 소 다 지 쓰 데 도	사 시 스 세 소 타 치 쓰 테 토

• 중국어의 된소리 표기

한어 병음 자모	j	q	x	zh [zhi]	ch [chi]	sh [shi]	r [ri]	z [zi]	c [ci]	s [si]
한글	ㅈ	ㅊ	ㅅ	ㅈ [즈]	ㅊ [츠]	ㅅ [스]	ㄹ [르]	ㅉ [쯔]	ㅊ [츠]	ㅆ [쓰]

일본어와 중국어에서의 예를 제외하고 된소리 표기가 허용되지 않은 다른 언어의 마찰음과 파찰음은 예사소리로 적는다. 그런데 여기에서도 표기법에 따르면 예사소리로 적어야 하지만 흔히 된소리로 발음하거나 적는 경우를 쉽게 볼 수 있다.

- 'ㅅ'를 [ㅆ]로 발음하는 예

    마사지(massage)[마싸지]   메시지(message)[메씨지]   사이트(site)[싸이트]

    사인(sign)[싸인]   샌드위치(sandwich)[쌘드위치]   서비스(service)[써비쓰]

    선글라스(sunglass)[썬글라쓰]   세미나(seminar)[쎄미나]   세일(sale)[쎄일]

    센터(center)[쎈터]   소파(sofa)[쏘파]

- 'ㅈ'를 [ㅉ]로 발음하는 예

    잼(jam)[쨈]   점프(jump)[쩜프]

외래어는 표기 그대로 읽는 것이 원칙이다. 예사소리로 표기된 것은 예사소리로 읽고 거센소리로 표기된 것은 거센소리로 읽어야 한다. 그런데 위의 예들처럼 표기와 달리 된소리로 발음하는 것들이 꽤 있다. 원칙적으로 이들은 규범적인 발음으로 인정하지 않지만 실제로는 많은 한국어 모어 화자들이 된소리로 발음하고 있다.

위의 규정에서 '원칙으로 한다'는 것은 예외가 있을 수 있을 때 쓰는 표현이다. 1986년 제정 당시에는 파열음의 된소리 표기를 인정하지 않았다. 그렇지만 파열음이 3개 이상으로 구분되는 언어들이 있어 예외가 생겼다. 베트남어, 타이어의 표기법을 정하면서 파열음의 된소리 표기를 인정하였다. 아래에서 파열음의 된소리 표기를 색으로 표시하였다.

• 타이어의 파열음 된소리 표기

로마자	타이어자모	한글 모음 앞	한글 자음 앞·어 말
k	ก	ㄲ	ㄱ
kh	ข	ㅋ	ㄱ
kh	ฃ		
kh	ค		
kh	ฅ		
kh	ฆ		
d	ฎ	ㄷ	ㅅ
d	ด		
t	ฏ	ㄸ	ㅅ
t	ต		
th	ฐ	ㅌ	ㅅ
th	ฑ		
th	ฒ		
th	ถ		
th	ท		
th	ธ		

로마자	타이어자모	한글 모음 앞	한글 자음 앞·어 말
b	บ	ㅂ	ㅂ
f	ฝ	ㅍ	-
f	ฟ		
p	ป	ㅃ	ㅂ
ph	ผ	ㅍ	ㅂ
ph	พ		
c	จ	ㅉ	-
ch	ฉ	ㅊ	ㅅ
ch	ช		
ch	ฌ		
s	ซ	ㅅ	ㅅ
s	ศ		
s	ษ		
s	ส		

• 베트남어의 파열음 된소리 표기

한글	자모	c, k, q	g, gh	kh	đ	t	th	b	v	p	ph	s	x	d, gi	ch	tr
한글	모음 앞	ㄲ	ㄱ	ㅋ	ㄷ	ㄸ	ㅌ	ㅂ	ㅂ	ㅃ	ㅍ	ㅅ	ㅆ	ㅈ	ㅉ	ㅉ
한글	자음 앞·어말	ㄱ	-	-	ㅅ	-	-	ㅂ	-	-	-	-	-	-	ㄱ	

도움말

❶
　다른 언어로부터 들어온 말이지만 드물게 파열음에서 된소리 표기를 허용한 경우가 있다. "이미 굳어진 외래어는 관용을 존중하되, 그 범위와 용례는 따로 정한다."(【외】제4항)라는 규정이 있다. 이 규정에 따라 이미 된소리 표기가 굳어져서 쓰인다고 판단이 된 단어들에서는 된소리 표기를 인정한 것이다.

　껌(gum)　　**짬뽕**(champon)　　**잉꼬**(inko[鸚哥])　　**조끼**(chokki)

　포르투갈어 'pão'가 일본어를 거쳐 들어온 말인 '빵'처럼 변화가 많이 된 단어는 외래어가 아니라 고유어로 보기도 한다.

28. 동양의 인명, 지명 표기

(1) 중국 인명은 과거의 사람과 현대의 사람을 구분하여 과거의 사람은 한국 한자음으로 표기하고, 현대의 사람은 원칙적으로 중국어 표기법에 따라 표기하되, 필요한 경우 한자를 병기한다.(【외】제4장 제2절)

(2) 중국의 역사 지명으로서 현재 쓰이지 않는 것은 한국 한자음으로 표기하고, 현재 지명과 동일한 것은 중국어 표기법에 따라 표기하되, 필요한 경우 한자를 병기한다.

(3) 일본의 인명과 지명은 과거와 현대의 구분 없이 일본어 표기법에 따라 표기하는 것을 원칙으로 하되, 필요한 경우 한자를 병기한다.

(4) 중국 및 일본의 지명 가운데 한국 한자음으로 읽는 관용이 있는 것은 이를 허용한다.

東京 도쿄, 동경　　京都 교토, 경도　　上海 상하이, 상해
臺灣 타이완, 대만　　黃河 황허, 황하

한국, 중국, 일본에서는 예전에 모두 한자를 사용했지만 각각의 한자를 읽는 방법은 나라마다 달랐다. 한국에는 한국 한자음이 있고 중국에는

중국 한자음이 있고 일본에는 일본 한자음이 있다. 그래서 같은 한자로 적힌 인명이나 지명이더라도 한국, 중국, 일본에서 읽는 방법이 달랐다.

한국에서 예전에 한자를 많이 사용할 때는 중국이나 일본의 인명, 지명을 한자로만 표기하였다. 그러다 보니 중국어나 일본어를 모르는 대다수의 한국어 모어 화자들은 중국이나 일본의 인명, 지명을 읽을 때 한국 한자음으로 읽었다.

㉮ 조조(曹操)   유비(劉備)   관우(關羽)   장비(張飛)

㉯ 장안(長安)   서안(西安)   낙양(洛陽)   대련(大連)

㉰ 풍신수길(豐臣秀吉)   덕천가강(德川家康)   가등청정(加藤淸正)
   소서행장(小西行長)

㉱ 하관(下關)   횡빈(橫濱)   장기(長崎)   명고옥(名古屋)

㉮는 『삼국지』에 나오는 주요 인물이다. ㉯는 중국의 지명이다. ㉰는 임진왜란과 관련된 일본의 장군들 이름이다. ㉱는 일본의 지명이다. 이들은 모두 예전에 한국어 모어 화자들이 읽던 방식으로 표기한 것이다.

이처럼 한국의 한자음으로 표기를 할지 아니면 중국이나 일본의 현지 발음을 최대한 존중하여 표기를 할지는 한국 내에서 꽤 논쟁이 많았다. 지금도 완전히 끝난 것은 아니다. 그렇지만 「외래어 표기법」에서는 외국의 인명과 지명은 현지의 발음을 최대한 존중하여 적는 것을 기준으로 삼는다.

현지의 발음을 존중하여 적을 때 큰 문제가 된 것은 중국의 인명, 지명이다. 한국어 모어 화자들에게 한국 한자음으로 읽은 이름이 이미 익숙한 경우가 꽤 많았다. 그래서 (1)에서 밝히고 있듯이 중국의 인명은 과거의 사람과 현대의 사람을 구분하여 과거의 사람은 이미 한국어 모어 화자들에게 익숙한 대로 한국 한자음으로 표기하고 현대의 사람은 중국어 표기법을 따르는 것으로 하였다.

과거와 현대의 구분은 1911년 신해혁명(辛亥革命)을 기준으로 삼는다. 즉, 1911년 전의 사람이면 한국 한자음으로 적고 1911년 후의 사람이면 중국어 표기법에 따라 적는다. 1911년이라는 기준이 태어난 해인가 아니면 사회적으로 알려진 해인가 등 논란이 있을 수 있는데 명확하게 기준을 세우기는 어렵다. 대략 그 무렵을 기준으로 이름의 표기가 갈린다는 정도일 뿐이다. 1986년에 「외래어 표기법」이 정해지고 시간이 꽤 흘렀다. 최근 사람이면 중국의 인명은 중국어 표기법에 따라 적는 일이 많아졌지만 여전히 최근 사람이어도 한국 한자음으로 표기하는 경우도 많다.

(2) 중국의 지명은 지금도 중국에서 사용하는 지명인가가 기준이다. 예를 들어 지금은 사용하지 않는 지명인 '장안(長安)'은 '장안'으로 표기하고, 지금도 사용하는 지명인 '서안(西安), 낙양(洛陽), 대련(大連)'은 중국어 표기법에 따라 '시안, 뤄양, 다롄'으로 표기해야 한다. 그러나 이들 지명도 인명과 비슷하다. 이제는 많이 중국어 표기법에 따라 적고 있지만 여전히 한국 한자음으로 표기하는 경우도 흔하다. '시안, 뤄양, 다롄'이라고 적기도 하지만 '서안, 낙양, 대련'이라고 적는 경우도 많다.

(3) 일본의 인명과 지명은 과거와 현대의 구분 없이 일본어 표기법을 따르는 것으로 하였다. 인명과 지명의 작명 방식이 한국과 많이 달라서인지 크게 논란도 없고 충실하게 지켜지는 편이다.

중국이나 일본의 인명과 지명은 지금까지 보았듯이 한국 한자음으로 표기하거나 현지의 발음으로 표기하거나 둘 중의 하나이어야 한다. 그런데 현지의 발음으로 표기하여야 하는 것 중에 이미 한국 한자음 표기가 한국어 모어 화자들에게 익숙한 것들도 있었다. 이것들은 둘 다 허용하였다. (4)가 그것이다.

「외래어 표기법」이 만들어진 이후로도 한국 한자음 표기가 계속 쓰이는 것은 추가로 인정하였기 때문에 예시로 제시된 것들 외에도 더 많이 있다. 한국 한자음 표기와 현지 발음 표기를 둘 다 규범적인 것으로 인정한 일부 예를 들면 아래와 같다. ❶

㉮ 중국의 인명과 지명

인명	중국어 표기법	한국 한자음	지명	중국어 표기법	한국 한자음
魯迅	루쉰	노신	首陽山	서우양산	수양산
毛澤東	마오쩌둥	모택동	揚子江	양쯔강	양자강
孫文	쑨원	손문	赤壁	츠비	적벽
袁世凱	위안스카이	원세개	泰山	타이산산 ❷	태산

㉯ 일본의 지명

지명	일본어 표기법	한국 한자음
大阪	오사카	대판
關東	간토	관동
九州	규슈	구주
北海道	홋카이도	북해도

도움말

❶

「외래어 표기법」에서는 한국 한자음으로 읽는 관용의 허용 범위를 중국 및 일본의 지명으로 제한하였다. 그런데 『표준국어대사전』에 실린 예를 보면 지명만 관용으로 인정된 것은 아니다. 인명 등 다른 것들도 허용이 되었다.

『표준국어대사전』에서는 한국 한자음으로 읽는 관용이 허용된 말에는 "○을 우리 한자음으로 읽은 이름"이라고 풀이하였다. 아래는 '동경'과 '상해'의 예이다.

  동경(東京): '도쿄'를 우리 한자음으로 읽은 이름.
  상해(上海): '상하이'를 우리 한자음으로 읽은 이름.

『표준국어대사전』에서 지명이 아닌데 두 가지 표기를 모두 허용한 것을 일부 예를 들면 아래와 같다.

  노신(魯迅): '루쉰'을 우리 한자음으로 읽은 이름.
  당수(唐手): '가라테'를 우리 한자음으로 읽은 이름.
  명치(明治): '메이지'를 우리 한자음으로 읽은 이름.
  호지명(胡志明): '호찌민'을 우리 한자음으로 읽은 이름.

'노신'은 중국의 인명이다. '당수'는 일본어에서 온 말로 운동의 한 종류를 나타낸다. '명치'는 일본 천황의 연호이다. '호지명'은 베트남의 인명으로 유일한 예이다.

❷

'타이산산'은 '泰山'을 중국어 표기법에 따라 한글로 적은 것이다. '泰山' 자체의 발음은 '타이산'인데 산임을 분명하게 하기 위하여 '산'을 추가하였다. "한자 사용 지역(일본, 중국)의 지명이 하나의 한자로 되어 있을 경우 '강', '산', '호', '섬' 등은 겹쳐 적는다."(【외】제4장 제3절 제4항)라는 규정이 있다. '泰山'에서 '山'을 빼면 '泰'라는 하나의 한자로 된 지명이어서 '타이산'에 '산'을 겹쳐 적어 '타이산산'이 되었다.

용어 색인

단어 색인

용어 색인

▶ 주제 1에서 주제 28까지 규정과 설명에 나온 용어를 대상으로 하였다.
▶ '모음, 받침, 어미'처럼 색인이 불필요할 정도로 사용 빈도가 높은 용어는 포함하지 않았다.

ㄱ

거센소리 43, 49, 123, 127, 166, 168, 188~190, 195~196, 214~216, 218
겹받침 32~33, 37, 40, 45, 47
고유 명사 213
고유어 49, 60, 68, 79, 83~84, 87, 121, 125, 130, 220
관형사형 어미 61, 64, 177
구 33, 44~45, 173, 206, 208
구개음 65, 159
구개음화 44, 65~68, 154
구어 136, 138, 143, 171
규칙 107, 109, 111, 113, 115~116

규칙 용언 106~112, 114
기본형 25~26, 29, 96

ㄷ

단어 첫머리 78~85, 122
대표가 되는 음 32~34, 43~45, 49, 52~53
동사 25, 35, 57, 112
된소리 48, 54~64, 122, 125, 127, 130~135, 195~196, 214~220
두음 법칙 78~86, 211
띄어쓰기 33, 61, 80~81, 172~175, 177, 206, 208

ㅁ

마찰음 217
명사 25, 28, 35, 58, 67, 81, 103, 175,
　　　177~178, 180, 182, 184~185, 195,
　　　202
명사형 어미 58, 99, 103
모음 조화 90, 95, 107~108, 113
문어 136

ㅂ

반대말 196, 202
반모음 85, 117
본말 136~137, 142, 144~150, 152,
　　　154~158, 160~161, 163, 166~167
본음 86~88
부사 67, 163~164, 175~176, 179~180,
　　　182~186
불규칙 99, 107, 109, 111, 113,
　　　115~116
불규칙 용언 29, 95, 106~112, 114,
　　　117~118, 148, 163, 180, 186, 201
비음화 38~39, 42, 46, 49, 67, 128,
　　　205~206, 209

ㅅ

속음 86~88
쌍받침 31~32

ㅇ

아라비아 숫자 178~179
양성 모음 90, 92~93, 95, 108, 113
어간 10, 26~27, 48, 57~59, 89~93,
　　　95, 97~106, 108~111, 113~115,
　　　117~118, 120, 128~129, 131,
　　　134~135, 146~147, 151~152, 157,
　　　160~162, 166, 180~182, 185~186,
　　　190, 197, 200, 202
어근 180~182, 185~186
어법 24~26, 29, 66, 68, 98, 120
예사소리 55, 62, 127, 135, 214~218
외래어 9, 11~14, 19~20, 41, 49, 55, 68,
　　　121, 130, 159, 178, 211~218, 220,
　　　222~225
용언 10, 26~27, 32, 35~36, 45, 48~49,
　　　57~59, 89~90, 92~93, 95~104,
　　　106, 109~118, 120, 144, 146~157,
　　　160~161, 170~171, 173~174,
　　　180~182, 184~186, 193
유음화 40, 47, 205~206
음성 모음 90~91, 95, 100, 108, 113
음소주의 표기법 25~26
음절 17~18, 54, 57, 66, 72~76,
　　　80, 89~92, 101~102, 113, 126,
　　　131~132, 136, 166, 186, 192
의존 명사 81, 83, 138, 172, 176~179
'ㅣ'계 모음 79~80, 85, 159, 170
'ㅣ' 역행 동화 191~193

이중 모음 85, 96, 117, 154, 210

인명 18, 20, 85, 208~209, 213, 221~225

ㅈ

자모 14~18, 27, 30, 32~33, 35, 37, 45, 50~53, 72, 132, 190, 212~213, 217, 219

자음 15~18, 27~31, 33~36, 40, 47~48, 50~53, 56, 59, 61, 72~75, 103, 117~118, 136, 167~168, 201, 219, 221~225

전설 모음 192

접두사 28, 81, 124, 178, 188, 199~200

접미사 28, 31~32, 44, 58, 66, 95, 103, 130, 153, 163~164, 167, 182, 184~187, 193, 201

접사 10, 201

준말 136~142, 144~150, 152~158, 160~163, 165~167, 170~171

지명 20, 85, 213, 221~225

ㅊ

체언 10, 26~27, 32, 35, 45, 58~59, 66, 136~137, 177

ㅍ

파생어 28, 130, 167, 204~205

파열음 38, 56~57, 63, 214~215, 217~220

파찰음 217

ㅎ

한국어 모어 화자 10, 19, 25, 28, 34, 37, 41, 47, 51, 55, 57, 62, 72~73, 77, 80, 83, 87, 92, 95, 103, 108, 133, 135, 143, 147, 149~152, 154, 156~157, 161, 165, 174, 177, 184, 193, 201, 203, 208, 215~216, 218, 222~224

한자 51, 59~60, 78~80, 83, 85~88, 221~222, 225

한자어 49, 59~60, 64, 79, 81~82, 85~88, 95, 121, 125~126, 130~131

한자음 78, 221~225

합성어 28~29, 33, 62, 83, 92, 125~126, 129~130, 133~135, 173, 195~196, 202, 204~205

형용사 35, 57, 112

형태주의 표기법 25~26, 28, 182, 212

홑받침 31~32

후설 모음 192

단어 색인

- 주제 1에서 주제 28까지 규정과 설명에 나온 단어를 대상으로 기본형으로 색인하였다.
- 규범에 맞지 않는 단어는 색인하지 않았다.
- 구가 예로 사용된 경우는 핵심이 되는 단어만 색인하였다.
- 조사와 어미, 접미사는 필요하다고 판단되는 일부만 포함하였다.
- 본문에서 한자가 제시된 단어들만 ( ) 안에 한자를 제시하였다.

ㄱ

가깝다 104, 106, 108
가끔 55
가느다랗다 120
가다 61, 64, 103, 114, 144, 147, 156~157
가득히 181, 186
가랑이 192
가르다 98, 115
가벼이 180
가볍다 106
가스 214
가엽다 198, 200~201
가엾다 198, 200~201
가자미 192
가지다 94, 146, 154, 159, 162, 170
간단하다 114, 166, 168
간단히 181
간절히 181
간토(關東) 224
갇히다 44
갈등(葛藤) 54, 59
갈증(渴症) 54, 59
감다 89~90
감언이설 209
갑자기 54, 56, 183
갑작스레 163
값 32, 37~39, 48
값있다 34
값지다 56
갓난쟁이 191
강가 63, 131
강술 55
강약 209
강의 74~76
강줄기 63, 131
같다 56, 66, 93, 185
같이 65~66, 175~176, 180, 182
같잖다 171

개 178~179
개구쟁이 191
개그 215
개다 89, 94
개량(改良) 78
개수(個數) 131
갱신(更新) 87
거 138~139, 141, 143
거꾸로 55
거두다 70
거르다 98
-거리다 153
거의 75
거짓말쟁이 191
거칠다 97
걱정스럽다 106
걱정스레 163
건너다 144
건더기 192
걷다 105, 111, 115
걷잡다 70
검둥이 95
검열 204, 209
겁쟁이 191
것 61, 138~139, 172, 177
겉 66
겉모습 38
겉옷 33
게으르다 102
게임 211, 214

겨우내 120
겨울나기 193
겨울나무 121
격려 42
겪다 89
결과(結果) 60
결뉴(結紐) 78
결단력 40
결론(結論) 78
겸 179
경도(京都) 221
경력 41
경력(經歷) 78
경쟁률(競爭率) 82
계란 72
계시다 72, 146
고거 139
고것 138
고급스럽다 106
고기 192
고난(苦難) 86
고러다 147
고렇다 112
고르다 102
고맙다 106
고요하다 182
고요히 181~182
고이다 160~162
고즈넉이 181, 186
고집쟁이 191

고추 87
고프다 91, 97
곤란(困難▽) 86
곧다 70, 110~111
곧이어 67
곧장 70
골 214
곰곰이 180, 183
곱다 108
곳 61
곳간 126
곳곳이 180
공권력 40
공부방(工夫房) 130
공히 181
과녁 87
관동(關東) 224
관람 39
관상쟁이 191, 194
관우(關羽) 222
괜찮다 171
괴다 145, 158, 160~162
괴담이설 209
괴롭다 104, 108
굉장히 181
교토(京都) 216, 221
구구절절(句句節節) 60
구더기 192
구르다 98
구주(九州) 224

국 35, 44~45
국물 38
국수 54, 56
군 177
굳다 66, 110~111, 115, 185
굳이 65~66, 180, 182
굶기다 58
굶다 58
굽다 104, 107, 109
궁금하다 114, 166, 168
권 178~179
귀여워하다 114
귀염둥이 95
귀엽다 106
귀찮다 171
규슈(九州) 224
그거 136, 138~139, 143
그것 136, 138~140
그램 178
그러다 147, 158
그렇다 105, 112~115, 118
그렇잖다 171
그룹 211
그립다 106
그믐달 63
글쟁이 191, 194
긁다 38
금니 83

금융 204, 209
금하다 166
급히 181, 183
긋다 104, 109~110, 115
-기- 58, 153
기권(棄權) 64
기꺼이 180
기다랗다 120
기르다 102
기뻐하다 114
기쁘다 55, 91, 103
기쁨 28, 103
기억력 42
기타 215
길다 185
길이 28, 180, 182
길쭉이 181
김유빈 208
깁다 104, 107, 115
깃발 125, 127, 134
깊다 32, 56, 185
깊숙이 181, 186
깊이 28, 180
까다롭다 106
까맣다 105, 112~113, 116, 118
깎다 27, 31~32, 38, 56
깡충깡충 95
깨끗이 180, 183~185
깨끗하다 166~168, 186

깨나다 155
깨다 144, 158
깨닫다 110~111
깨뜨리다 198
깨어나다 155
깨트리다 198
깻잎 125, 128~129
꺼멓다 105, 112~113, 118
꺾다 25~26
껌 220
껴들다 155
꼬다 145, 158
꼬이다 160~161
꼼꼼히 181
꼿꼿하다 57
꽂다 56
꽂히다 44
꽃 25~26, 30, 33, 36, 44~45
꽃다발 56
꽃잎 29, 204~205
꽃향기 43, 49
피다 160~161
꾸다 100, 103, 145, 158
꾸준히 183
꿈 103
꿰다 148
뀌다 151
끄다 92, 97, 115

끔찍이 181
끝 66
끝마치다 157
끼어들다 155

ㄴ

나 136, 139~140, 143, 199
나날이 120, 180
나누이다 160~161
나뉘다 151, 160~161
나다 144
나뭇잎 125
나열(羅列) 82
낙뢰(落雷) 78
난로 39
난리(亂離) 78
날다 59, 64, 97, 99, 115, 118
날카롭다 106
남기다 58
남녀(男女) 78
남다 58
낫다 104, 109, 148
낭랑(朗朗)하다 80
낭트 216
낮 32, 44~45
낮말 38
낯설다 56

낯익다 204~205, 207
낳다 47, 112, 116
내과(內科) 131
-내기 191, 193
내다 144, 157
내동댕이치다 191
내일(來日) 78
내지 179
냄비 191, 193
냇가 125, 127, 134
냉랭(冷冷)하다 80
너 136, 139~140, 143, 199
너그러이 180
넉넉하다 166~168
넋 32, 35, 38, 48
넋두리 56
넓다 32, 36, 48, 54, 58
넓히다 45
넣다 39, 112~113
네 198~199, 203
년(年) 81, 178~179
년도(年度) 83
노동 81
노랗다 112, 117
노신(魯迅) 224~225
노트북 211~212
논란(論難▽) 86
논의 74
논쟁(論爭) 78

놀다 97
놀라다 144
놈팡이 192
높다 185
높이 28, 180, 182
놓다 46~48, 112, 149~150, 158
놓아기르다 156
놓아두다 155
놓아먹이다 156
놓아주다 155
놔두다 155
놔주다 155
뇌성(雷聲) 78
누각(樓閣) 78, 81
누누(累累)이 80
누더기 192
누렇다 112, 114
누르다 97~98, 101
누이다 160~163
눈동자 54, 62
눈병 131
눈사람 131
눈요기 129, 206
눈인사 206
눕다 106
뉘다 160~162
늑막염 207
늙다 27
늠름(凜凜)하다 80

능구렁이 192
능률(能率) 82
능묘(陵墓) 78
늦휴가 43~44
-님 130

ㄷ

다급히 181
다다르다 101
다달이 119~120, 180
다롄(大連) 223
다르다 102
다운로드 41
다이어트 215
닦다 35
단결권(團結權) 64
단순히 181
닫다 36, 38, 66, 110~111
닫히다 44, 65~66
달갑잖다 171
달님 121
달러 178, 214
달력 42
닭 31~32, 34~35, 45
닭고기 56
닮다 57
닳다 40, 46~48
담그다 91, 96~97
담요 129, 204

답답하다 166~168
당뇨병(糖尿病) 86
당수(唐手) 225
닿다 46, 112
대 178~179
대가(代價) 131
대단찮다 171
대로 176~177
대만(臺灣) 221
대장장이 191, 194
대판(大阪) 224
댐 214
더듬다 54, 57
더럽다 106
더욱이 180, 183
덥다 106
덧니 83
덧붙이다 69
덮다 32, 37~38
데 61
데이트 215
도리 61
도배장이 191, 194
도쿄(東京) 216, 221
독립 42
돌다 89~90
돌솥 121
돕다 104, 106, 108
동갑내기 191
동경(東京) 221, 225

동그랗다 105, 112~113
동댕이치다 191, 193
동렬(同列) 82
동료 41
동원령 40
되다 89, 94, 96, 145, 150~151, 157
되잖다 171
두껍다 106
두다 100, 145
두둑이 181
두렵다 108
둥그렇다 105, 112~113
둥글다 97
-둥이 95
뒤쪽 127
뒷걸음 125, 134
뒷모습 125, 128
뒷문 126, 128
뒷방 125, 134
뒷일 125, 204~205
들다 105, 110~111
들르다 102
들추어내다 155
들춰내다 155
듬뿍 55
등 179
등굣길 132
등등 179
등록 41

등불 63
등지 179
디자인 211
디지털 211
따님 119~120
따르다 97, 101
딱딱 57
딱히 181, 183
떡 27
떨어뜨리다 198
떨어트리다 198
떫다 36, 54, 58
떼다 145, 158
떼먹다 155
떼어먹다 155
똑딱똑딱 57
뚫다 40, 47~48
뛰다 151
뜨겁다 106
뜨내기 191
뜨다 92, 97
뜨뜻이 180
뜨뜻하다 186
-뜨리다 198, 201
뜨이다 160~161, 163
뜯다 110
띠다 72~74, 155, 160~162
띠이다 162

ㄹ

라디오 212
라면 212
레몬 212
레스토랑 211~212
렌즈 212
렌터카 212
로그인 212
로봇 211~212
-로이 163
루쉰(魯迅) 224
뤄양(洛陽) 223
-리- 153
리(里) 81
리(理) 81
리더십 211
리듬 212
리모컨 212
리본 212
리터 178, 212

ㅁ

마땅찮다 171
마르다 102
마리 178
마사지 218
마소 119~120
마오쩌둥(毛澤東) 224

마음 36
마치다 146, 154, 157, 159
막다 89~90, 92
막둥이 95
막일 207
막히다 146, 154
만둣국 132
만들다 97, 99
만만찮다 171
만족스레 163
만큼 176, 177
많다 46~47, 185
많이 180, 182
맏- 66
맏며느리 38
맏이 65~66
맏형 43
말끔히 181
말리다 39
말살(抹殺) 54, 59
맑다 35, 37, 56
맛없다 33
맛있다 34
망루(望樓) 78
맞다 32, 38
맞추다 39
맞히다 44
매기다 39
맨입 129

맵다 104, 106	뫼다 161	믿음 28, 103
머 140~141	무겁다 104, 106	밀접히 181
머리말 135	무늬 72~74	밉다 104, 107
머리카락 119, 122	무더기 192	및 179
먹다 27, 38~40, 61, 64, 103, 118	무사하다 182	밑 66
먹이 28	무사히 181~182	밑줄 56
먹히다 43	무섭다 106	
멀리 42	무식쟁이 191	ㅂ
멀찍이 181	무심히 181	
멈추다 145	무어 136, 140~141	바 61, 172, 177
멋있다 34	무엇 136, 140	바뀌다 151~152
멋쟁이 191, 194	묶다 32	바나나 214
메시지 218	문고리 54, 62	바느질 119~120
명백히 181, 186	문의 74	바라다 93
명치(明治) 225	문제점(問題點) 130	바람 58
몇몇 38	묻다 66, 105, 111	바람결 63
모과(木▽瓜) 86	묻히다 44, 65~66, 154	바람둥이 95
모델 211	물론 42	바래다 96
모르다 102	물약 204~205	바르다 102
모이다 161	물질(物質) 59	바른 198, 202
모택동(毛澤東) 224	묽다 35	바른발 202
목재(木材) 86	뭐 136, 140~141	바른손 198, 202
몫 34	뭣 136, 140~141	바른쪽 198, 202
몰상식(沒常識) 59	미닫이 120	바른팔 202
몰이해(沒理解) 81, 207	미래(未來) 78	바른편 198, 202
몰지각(沒知覺) 60	미장이 191, 194	바쁘다 92, 97
몸짓 131	미터 178~179	박스 214
못하다 43	미풍양속(美風良俗) 81	밖 27, 32, 175
몽땅 55	민주주의 75	밖에 175
	믿다 32, 103, 110	반갑다 106

반드시 183	법률 42	부동산(不動産) 121
반듯이 180, 183	벗다 109, 115	부드럽다 106
반듯하다 183, 186	베다 89, 94	부딪히다 44
받다 110	벤처 159	부럽다 106, 166, 169
발길질 121	벨트 215	부르다 102
발동(發動) 59	벼르다 98	부르쥐다 124
발등 121	변경(變更) 87	부르짖다 124
발자국 121	변덕쟁이 191	부릅뜨다 119, 122, 124
밝히 45, 181~182	변변찮다 171	부삽 119~120
밝히다 45, 185	별나다 40	부실(不實) 121
밟다 36~38, 56	별로 42	부엌 56
밟히다 45	별일 204~205	부잣집 125, 134
밤이슬 209	볍씨 119, 122	부재(不在) 121
밥 37, 39, 44~45, 61	보내다 145	부정확(不正確) 121
방귀쟁이 191	보너스 214	부족(不足) 121
방망이 192	보다 89~90, 145, 157, 175	부주의 75
방바닥 131		부주의(不注意) 121
밭 32~33	보름달 131	북엇국 132
배뇨(排尿) 78	보아주다 155	북해도(北海道) 224
백분율(百分率) 82	보이다 160~161	분노(忿怒) 86
뱃길 125, 134	보통내기 191	분류 39
뱃속 125, 134	보호하다 166	분명하다 114, 166, 168
뱉다 36	볶다 32	분명히 181
버드나무 120	본뜨다 92	불가능(不可能) 122
버스 214	볼일 204~205	불규칙(不規則) 122
버젓이 180	봐주다 155	불다 97
버젓하다 186	뵈다 145, 160~161	불량(不良) 122
번거로이 163	부끄럽다 106	불리(不利) 122
번번이 180	부당(不當) 121	불만족(不滿足) 122
벌 178	부도덕(不道德) 121	불법(不法) 122

불성실(不誠實) 59, 121~122
불신(不信) 121~122
불쌍하다 166
불완전(不完全) 122
불이익(不利益) 122
불충분(不充分) 122
불친절(不親切) 122
불쾌(不快) 122
불투명(不透明) 122
불편(不便) 122
불필요(不必要) 122
불행(不幸) 122
불확실(不確實) 122
붓다 109
붙다 38, 66
붙이다 65~66
브르타뉴 216
블라우스 215
비난(非難) 86
비빔밥 131
비웃다 89
비율(比率) 82
비전 159
빗다 109
빗물 38, 125
빚다 36
빚쟁이 191
빛나다 29
빠뜨리다 198

빠르다 102
빠트리다 198
빨갛다 105, 112~113
빵 220
빼앗다 109
뺏다 109
뽑다 110
뻘겋다 105, 112~113
뽑다 107, 115
뿐 176~177

ㅅ

사귀다 151~152
사기죄(詐欺罪) 130
사랑 37
사랑니 83
사랑스럽다 106
사뭇 69
사상누각(沙上樓閣) 81
사십(四十) 86
사용법(使用法) 64
사이트 218
사인 218
사철나무 121
사탕(沙糖▽) 86
산새 63
살 178~179
살다 103
살짝 55

살코기 119, 122~123
삶 27, 36, 58, 103
삼다 54, 57
상견례 40
상류(上流) 78
상태(狀態) 88
상하이(上海) 221
상해(上海) 221, 225
샅샅이 180
새 173
새것 173
새날 173
새내기 191
새로이 163~164, 180
새롭다 106, 164
새말 173
새사람 173
새삼스레 163
새신랑 173
새엄마 173
새잎 173
새집 173
새해 173
샌드위치 218
생각하다 166~168, 170
생굿이 180, 183
생략 41
생산량 40
생활용품 204~205
서늘하다 166, 168

서다 144, 156~157
서두르다 102
서비스 218
서열(序列) 82
서우양산(首陽山) 224
서울내기 191
서울역 204~205
선글라스 218
선반 87
섣달 70~71
섣부르다 70~71
설 70
설- 70
설날 121
설레다 145
설익다 204~205
설탕(雪糖▽) 86
섭섭하다 114, 166~168
성실히 181
세다 145
세미나 218
세일 218
센터 218
셋방 126
소- 198, 200~202
소가죽 198, 200
소갈비 200
소고기 198, 200
소고집 200
소귀 200

소기름 200
소꼬리 198, 200
소나무 119~121
소독약 204~205
소똥 198, 200
소머리 200
소뼈 200
소뿔 198, 200
소죽 200
소중히 181
소파 218
손가락 131
손등 131
손문(孫文) 224
솔나무 121
솔직히 181
솜이불 207
솟다 109
송곳니 83
솥 36
쇠- 198~202
쇠가죽 198, 200
쇠갈비 200
쇠고기 198, 200
쇠고집 200
쇠귀 200
쇠기름 200
쇠꼬리 198, 200
쇠똥 198, 200
쇠머리 200

쇠뼈 200
쇠뿔 198, 200
쇠죽 200
쇳조각 125, 134
쇼핑 211
수 61, 172, 177
수- 188~190
수개미 189
수거미 189
수꿩 188~189
수나비 190
수나사 188~189
수놈 188~189
수다쟁이 191
수돗물 126
수락(受諾▽) 86~87
수목(樹木) 86
수북이 181
수사자 190
수소 188~189
수술 188
수술실(手術室) 60
수양산(首陽山) 224
수월찮다 171
수캉아지 188
수캐 188
수컷 119, 122~123, 188
수키와 188
수탉 188
수탕나귀 188

수툴쩌귀 188
수퇘지 188
수평아리 188
숙맥 55
순이익 209
순가락 54, 56, 70~71
술 70
술잔 63
술집 121
숫- 188, 190
숫양 188, 190
숫염소 188, 190
숫자 126
숫쥐 188, 190
숱하다 43, 49
숲 33
쉬다 89, 118, 151
쉽다 104, 106
슈퍼마켓 211
-스레 163
슬며시 183
슬프다 91
-습니다 103
승낙(承諾) 86
승률(勝率) 82
승리 41
시구(詩句) 131
시끄럽다 106
시스템 211
시안(西安) 223

시원스레 163
시원찮다 171
시월(十▽月) 86
시청률(視聽率) 82
식량 42
식량난(食糧難) 86
식용유 204
신 58
신기다 58
신다 54, 57~58
신랑 39
신바람 54, 62
신출내기 191
신혼여행(新婚旅行) 81
싣다 105, 110~111
실내 40
실례 42, 72~73
실례(失禮) 78
실없다 185
실없이 180
싫다 46~47
싫증 29
심리 41
심술쟁이 191
심심찮다 171
심히 181
십만 38
십이월(十二月) 86
싱겁다 106
싹트다 92

쌍둥이 95
쌓다 46, 112~113
쌓이다 47
쌕쌕 57
쏘다 145
쏘아보다 156
쏘아붙이다 155
쏘이다 160~161
쏟다 110
쏴붙이다 155
쐬다 145, 160~161
쑨원(孫文) 224
쓰다 92
쓰이다 161
씁쓸하다 57
씌다 161
씨 177
씩씩 57
씹다 107
씻다 32, 109

ㅇ

아기 192~193
아끼다 55
아뇨 203
아니 203
아니요 203
아니하다 168
아드님 120

아래 33
아래옷 197
아랫니 125, 134,
　　　196~197
아랫단 196
아랫도리 196
아랫목 196
아랫물 196
아랫배 196
아랫사람 196
아랫입술 196
아랫집 125, 134, 196
아름답다 106
아무렇다 112
아비 192, 193
아웃렛 49
아지랑이 192
아침밥 63
안 33, 36
안기다 58
안다 36, 48, 58
안팎 119, 122~123
앉다 31~32, 36, 48, 57
앉히다 45
않다 46~47, 168
알다 93, 103
알아보다 157
앎 28, 103
암- 188~190
암개미 190

암거미 189
암양 190
암염소 190
암쥐 190
암컷 119, 122~123
압력 42
앞 32, 34, 37
앞니 83
앞머리 38
앞일 204~205
앞항 43, 49
액세서리 211
약 208
얇다 36, 89~90, 93
양 177
양념구이 208
양속 81
양심(良心) 78
양옆 204
양자강(揚子江) 224
양쯔강(揚子江) 224
어금니 83
어깨 55
어둡다 106
어떻다 112, 114
어렴풋이 183
어렵다 106, 166, 169,
　　　171
어른스레 163
어미 192~193

어쩌다 147
어찌나 55
얹다 57
얹히다 45
얻다 110
얼다 103
얼음 28, 103
얼핏 69
얽히고설키다 28
업다 37
없다 32, 34, 37~38, 48,
　　　103
엉덩이 192
엉뚱하다 55
여간내기 191
여닫이 119~120
여덟 36, 59
여의다 155
여의찮다 171
여자(女子) 78
여쭈어보다 155
여쭤보다 155
여초 208
여행 81
역력(歷歷)하다 80
역사(歷史) 78
연년생(年年生) 80
연도(年度) 83
연소 81
연이율 209

열매 208
엷다 36
염려 41
엿 204, 206
영영 209
영원하다 166
영희 137, 143
옆집 56
예 198~199, 203
예삿일 126, 129
예의(禮儀) 78
옛 69
오뉴월(五六▽月) 86
오늘 137
오늘날 40
오다 149, 156, 158
오뚝이 95
오락(娛樂) 87
오륙십(五六十) 86
오르다 98, 102
오른 198, 202
오른발 202
오른손 198, 202
오른쪽 198, 202
오른팔 202
오른편 198, 202
오빠 55
오사카(大阪) 216, 224
오죽잖다 171
온라인 41

온전하다 167, 169
옷 31~32, 36, 39, 44~45, 137
옷장 56
옹기장이 191, 194
완전히 181
왕릉(王陵) 78
외곬 36
외로이 163, 180
외롭다 106
왼 202
요거 139
요것 138
요도(尿道) 78
요란스레 163
요러다 147
요렇다 112
욕심쟁이 191
욕쟁이 191
용궁(龍宮) 78
우러르다 101
우리 74, 76
우연찮다 171
우짖다 119, 120
울다 103
울음 103
울음소리 131
웃 195~197
웃다 109
웃돈 195, 197

웃어른 33, 195, 197
웃옷 195, 197
웃통 195, 197
웃풍 195, 197
웅덩이 192
원룸 41
원세개(袁世凱) 224
월권(越權) 64
웬일 204~206
위 33, 195~196
위아래 196
위안스카이(袁世凱) 224
위쪽 127, 195
위채 195
위층 127, 195
위턱 195
위팔 195
윗 196, 197
윗니 195, 197
윗단 195
윗대 195
윗도리 195
윗동네 195
윗마을 195
윗면 195
윗목 195
윗몸 195
윗물 195
윗방 195
윗배 195

윗부분 195
윗수염 195
윗옷 195, 197
윗입술 195
윗자리 195
윗집 195
유대(紐帶) 78
유비(劉備) 222
유용륜(柳龍倫) 85
유월(六▽月) 86
유유상종(類類相從) 80
유행(流行) 78
육십(六十) 86
율법(律法) 64
은닉(隱匿) 78
은혜 72
옳다 32, 37~38, 56
음료 41
음악(音樂) 87
응 203
응낙(應諾) 86
의견 75
의기양양 209
의논(議論▽) 86
의미 75
의사 72, 75
의의 72, 75
의자 75
이 83~84, 172, 177
-이 32, 48, 163~164, 180,

182~187
-이- 32, 153
이거 139
이것 138
-이다 153
이러다 147
이렇다 112, 114
이르다 97~98, 101
이발(理髮) 78
이부자리 120
이빨 83
이삿짐 125, 134
이쑤시개 83
이원론 40
이응 37
이점(利點) 131
이죽이죽 204, 209
이튿날 70~71
이틀 70
이해 81
익명(匿名) 78
익숙하다 166~168
익히 181~182
익히다 185
인권(人權) 64
인사말 135
인터넷 211~213
일 204, 206
일렬(一列) 82
일부(一部) 60

일시(日時) 59
일어서다 156
일제히 181
일찍이 180, 183
일컫다 110
읽다 35
입다 27, 107, 204, 206
입학 43
잇다 36, 104, 109
잇몸 125
있다 32, 34, 36, 38, 56,
  103
잉꼬 220
잊히다 44

ㅈ

자동차(自動車) 88
자르다 55, 102
자세하다 182
자세히 181~182
자연스레 163
자유로이 163
자전거(自轉車) 88
잔뜩 55
잘되다 157
잠그다 91, 96
잠자리 63, 135
잡다 38, 61, 93, 107
잡일 204~205

장 178~179
장르 159
장밋빛 132
장비(張飛) 222
장안(長安) 222~223
-장이 191, 193~194
잼 218
-쟁이 191, 193~194
저 139, 140, 199
저거 139
저것 138
저러다 147
저렇다 105, 112
적 61
적다 185
적당하다 114
적당히 181
적벽(赤壁) 224
적이 180
적잖다 171
전셋값 125, 134
절 178~179
절다 55
절도(竊盜) 59
젊다 27, 32, 36, 48, 57
점 178~179
점잖다 171
점쟁이 191, 194
점프 218
접다 107

접때 119, 122
젓다 109, 148
정답다 106
젖 36
제(第)- 178
조거 139
조것 138
조끼 220
조라다 147
조렇다 112
조심스럽다 106
조용히 181
조이다 160~161
조조(曹操) 222
족히 181
존댓말 126, 135
좁다 107
좁쌀 119, 122
좁히다 43
좋다 46, 112~114, 118,
     150, 158, 167, 169
죄다 160, 161
주다 89, 94, 100, 118,
     145
주스 159
주의 72, 74~75
주치의 75
죽다 103
죽음 103
죽이다 192

줄줄이 180
줍다 106
중노동(重勞動) 81
중매쟁이 191
쥐다 94, 151
즐거이 180
즐겁다 106
증여세(贈與稅) 130
지그시 184
지긋이 180, 184
지긋하다 184, 186
-지다 153
지르다 98, 102
지름길 131
지지율(支持率) 82
지키다 146
지팡이 192
지푸라기 192
진리(眞理) 78
진열(陳列) 82
질의 74
집 27
짓다 29, 38, 104, 109
짧다 36
짬뽕 220
짬짬이 180
짭짤하다 57
쪼개어지다 155
쪼개지다 155
쪼이다 160~161

쫓다 32, 36, 38
쬐다 160~161
찌다 146, 154, 158~159

ㅊ

차갑다 106
차이다 148, 159~162
차이점(差異點) 130
차트 159
착하다 114
찻간 126
찻잎 126
창살 63, 131
창피 192
찾아가다 156
찾아오다 156
채다 148~149, 160~162
책 39
철저하다 182
철저히 181~182
첫 69
첫여름 206
첫인상 33, 206
첫해 43
청룡(靑龍) 78
쳐다보다 155
쳐부수다 156
초승달 63, 131
초점(焦點) 131

초청장(招請狀) 88
초콜릿 159, 211
초파일(初八▽日) 86
촉촉이 181
촌스럽다 106
총잡이 192
최댓값 132
최솟값 132
최연소(最年少) 81
추다 100
축하 43
출구(出口) 60
출발(出發) 60
출산율(出産率) 82
춤다 106
충실히 181
취업률(就業率) 82
취하다 166, 168
츠비(赤壁) 224
치르다 91, 96, 101
치어다보다 155
칠장이 191, 194
침략 41
칫솔 125, 134

ㅋ

카페 216
칼날 29
캐묻다 155

캐어묻다 155
커피 137, 143
커피숍 211~212
컴퓨터 214
케이크 214
켜다 144, 158
켤레 178~179
콧노래 125
콧등 125, 134
쿠키 214
크다 97
큰일 206~207
키읔 35, 38
킬로미터 214

ㅌ

타다 144
타이산산(泰山) 224~225
타이완(臺灣) 221
태산(泰山) 224
택시 214
터뜨리다 198
터트리다 198
털실 121
텔레비전 159, 211
토론(討論) 86
토마토 214
톱니 83
뒷간 126

뛰다 151
트다 92
트럭 211, 214
트로트 216
-트리다 198, 201
트이다 160~161
특별히 181
특히 181
튼튼하다 166
틔다 72~74, 155, 160~161

ㅍ

파랗다 112
파이다 148, 159~161
파이프 216
파일 211
팔다리 121
팔일(八日) 86
팥 44~45
패다 148~149, 160~161
퍼렇다 112
퍼센트 178
펴다 144
펴이다 165
편찮다 171
편히 181
폐다 165
폐지 72

푸다 97, 100, 115
푸르다 97, 101, 115
푸아티에 216
풋내기 191
프라이팬 214
플라스틱 214
피다 89, 94, 146, 154
피라미 192
피부과(皮膚科) 130
피하다 166
필기(筆記) 60
필히 181
핑계 72

ㅎ

하굣길 132
하느님 120
하늘 36
하다 54, 61, 105, 114, 116, 147, 166~169, 180~183, 185~186
하얗다 105, 112~113
하찮다 171
한 44~45
한때 44~45
한여름 204
할아비 192
할퀴다 151
핥다 32, 36, 40, 48, 54, 58
합리적 42
합의 74
핫라인 49
해님 129~130
해어지다 155
해지다 155
핸드백 211
햅쌀 119
햇빛 125, 134
햇수 125, 134
행렬(行列) 82
허락(許諾▽) 86~87
허옇다 105, 112~113
허풍쟁이 191
헌법(憲法) 64
헛되다 185
헛되이 180
헤어지다 155
헤지다 155
헬스클럽 211
혈당(血糖) 86
혐의 74
협의 74, 76
혜택 72
호두 87
호지명(胡志明) 225
혼란(混亂) 78
홀아비 192
홀어미 192

홋카이도(北海道) 224
홑이불 67
화내다 157
화법(話法) 64
화병(火病) 131
화살 119~120
화폐 72
확실하다 167, 169, 171
확실히 181
환율(換率) 82
황급히 181
황하(黃河) 221
황허(黃河) 221
회 178~179
회의 75
횟수 126
횡단로 40
후추 87
훑다 58
훗날 126
훨씬 55
휘- 124
휘감다 124
휘날리다 124
휘다 151
휘두르다 124
휘말리다 124
휘발유 204~205
휘젓다 124
휩싸다 119, 122, 124

휩쓸다 119, 122, 124
흐르다 102
흔하다 166
흔히 181
흙 27, 38~39, 45
희다 89, 94, 155
희로애락(喜怒▽哀樂) 86
희망 72~74
흰둥이 95
-히 180, 182~187
-히- 44, 66, 153
힘입다 204